AF485089

MACHISMO AL DESNUDO

*Del macho alfa
al hombre alfalfa*

Mauricio Suárez León

MACHISMO AL DESNUDO

Del macho alfa al hombre alfalfa

MAURICIO SUÁREZ LEÓN

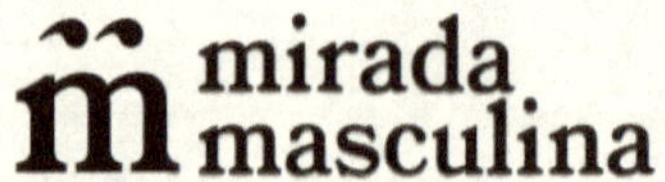

Corrección de texto por Alejandra Martinez

Talento The Book's Savant
Edición de contenido por Leoneh Charmell
Arte de portada por Elvins Acurero
Diseño de Interiores por Avril Acurero
www.thebookssavant.com

PRIMERA EDICIÓN

ISBN: 978-958-49-3297-6

TABLA DE CONTENIDO

PRESENTACIÓN

¿Todavía hay hombres machistas que consideran a la mujer un ser inferior?

¿Qué los hace mantener sus actitudes «tóxicas», a pesar de todos los cambios históricos y culturales que ha vivido nuestra sociedad en los últimos tiempos?

¿Por qué siguen siendo violentos, abusivos y maltratadores, sobre todo en las relaciones de pareja?

Estos son algunos de los interrogantes que principalmente las mujeres nos hacen a los hombres, tratando de encontrar alguna explicación o justificación a los excesos que encuentran en las figuras masculinas de su entorno. Después de todo, ese proceder, el cual no siempre es de forma consciente, pareciera estar motivado por un manifiesto desprecio hacia lo femenino.

Escondido detrás de la máscara de la seriedad y el poder, la fuerza y la agresividad, por lo general un hombre considerado «machista» intenta ignorar esa transformación de su entorno y desconocer las nuevas formas de ver la vida personal, de pareja y familiar.

Lamentablemente, los reclamos de más espacio y mayores oportunidades para las mujeres en la sociedad, que les permitan alcanzar una verdadera igualdad en las relaciones entre los géneros, parecen no haber sido del todo escuchados. Instalados en la comodidad que ofrece el lugar que ocupan y disfrutando con sus amigos las ventajas de ser hombre, buena parte del género masculino parece mantenerse alejado e indiferente y hace «como si el asunto no fuera con nosotros».

Otros, simplemente se han mantenido fieles a sus creencias sobre las mujeres. Creen tener «el derecho» sobre sus cuerpos, su sexualidad y toda actividad que ellas realicen en la vida cotidiana o doméstica. Consideran que manteniéndolas atadas a responsabilidades con la casa, los hijos, la cocina o la cama, pueden seguir teniendo el control e imponiendo las reglas; incluso, determinando qué se hace y qué no, según su conveniencia.

El machismo nos afecta a todos como sociedad, ya que hace mella en nuestras relaciones interpersonales. El ejemplo perfecto es cuando los hombres tenemos que privarnos de las expresiones de emocionalidad. En pocas palabras, no podemos manifestar afecto a nuestra pareja, a nuestros hijos o a nuestros amigos, porque tememos al fantasma de la debilidad, que creemos no nos podemos permitir.

Así mismo, el machismo por parte de otros hiere también a los hombres que han vivido la experiencia de que sus esposas, hijas y demás mujeres de su familia sean víctimas de actos abusivos, acoso o de violencia, solo por su condición de mujeres. En situaciones como esas, de violencia física y abuso machista hacia las mujeres del entorno más cercano, el género masculino parece reconocer que algo está mal en la sociedad y tiene que empezar a cambiar. El primer paso para eliminar esas conductas que lesionan la dignidad y los derechos de ellas debe ser el respetar el cuerpo y la vida de todas las mujeres, sin excepción.

También algunos hombres se han visto afectados por el machismo cuando las conductas violentas, competitivas, defensivas, excluyentes, los han impulsado a refugiarse en el alcohol, las drogas, la sexualidad compulsiva y otras prácticas autodestructivas. Muchos de ellos han sentido la presión por mantener un elevado estilo de vida para toda su familia, sacrificando su propio bienestar y salud, especialmente si son quienes deben soportar toda la carga económica.

Estas conductas «tóxicas», al mismo tiempo, han impulsado la degradación personal de un número incalculable de hombres. Síntomas de depresión, ansiedad y otras enfermedades físicas o condiciones mentales, aparecen cuando estos terminan sometidos a condiciones contrarias a la dignidad y a los límites de la tolerancia humana. Así que no es de extrañar que la consecuencia más significativa es que sigamos siendo el género con mayores cifras de suicidio en el mundo.

El machismo ha tomado en muchos casos la forma de un padecimiento o una adicción para los hombres y solo han podido afrontarlo con el apoyo emocional, proporcionado muchas veces por las mismas mujeres de su entorno familiar.

Por fortuna, hombres y mujeres hemos comenzado por reconocer y «desmontar» el machismo en los diferentes espacios de la sociedad en los que se crea, se fomenta y se fortalece, para rehacer la masculinidad.

Por primera vez en la historia, los hombres podemos elegir una manera de ser, diferente al rol machista, transmitido y enseñado desde generaciones por madres, padres, tíos, abuelos, etc. Hoy en día, por fin, tenemos la oportunidad de ser hombres de otras formas menos violentas y agresivas.

Los hombres podemos encontrar nuestro verdadero poder cuando nos realizamos en la paternidad responsable y activa, cuando cuidamos y protegemos la vida, nuestra y la del otro, la naturaleza y el medio ambiente. De igual manera, nos realizamos como hombres cuando utilizamos la capacidad creativa para alcanzar nuestros propósitos individuales o colectivos sin necesidad de dañar a otros, cuando mantenemos la palabra en los acuerdos y defendemos convicciones y propósitos propios, para no imponer nuestras condiciones con engaños o con violencia.

Los hombres volveremos a recuperar el rumbo, que por momentos sentimos perdido, cuando vimos que nuestro rol tradicional en la sociedad ya no era necesario, y que los gestos y actitudes machistas parecían más una caricatura de hombre (caracterizado como aquel que usa corbata, pantalón largo, pelo corto y se sienta con las piernas muy abiertas, habla fuerte y se burla de todos, menos de él mismo). Ese estereotipo tradicional no representa más al hombre afectuoso, solidario, colaborador, respetuoso de las mujeres y las diferencias, que demanda este momento de cambios en la sociedad en la que vivimos.

Desnudar el machista que llevamos escondido nos obliga a aceptar que muchos hombres lo seguimos siendo, en alguna medida, aun cuando «ayudemos» con los oficios de la casa, aunque digamos que creemos en la equidad de oportunidades para hombres y mujeres, y vayamos con pañuelos de colores a acompañar manifestaciones feministas.

No olvidemos que todos, hombres y mujeres, hemos recibido, por herencia o educación, creencias y modelos de vida determinados por una sociedad esencialmente machista.

Machismo al desnudo nos permite ver que este solo se supera siendo conscientes de que lo estamos reproduciendo en el diario vivir. Es en pequeñas actitudes, disfrazadas de buenas intenciones, como se alimenta el machismo. Como cuando decimos que celamos a nuestra pareja y le exigimos cómo vestir o qué hacer porque la queremos mucho o cuando le escondemos el secreto de la infidelidad al amigo, aunque sepamos el daño que esta ocasiona; o quizá, cuando hacemos sonar la bocina del auto, porque nos molesta que una mujer vaya conduciendo y terminamos sacándola de la vía.

Por último, sin las mujeres, ese machismo no se habría desnudado, porque solo ante ellas nos sentimos dispuestos a mostrarnos como somos, con virtudes y carencias, porque sabemos que ellas son comprensivas y compasivas —cosa que el machismo no conoce— y por eso confiamos en que ellas sabiamente nos devuelvan una imagen distinta a los hombres que ya no queremos llevar más ese incómodo disfraz de rudeza, insensibilidad e incomunicación que este nos impone.

Si los hombres de ahora podemos tener el valor para cambiar y despojarnos de esta armadura obsoleta, ha sido por el ejemplo de las mujeres y su actitud crítica frente a la forma inapropiada con la que generalmente nos relacionamos como género.

Gracias por la invitación a seguirlas en este camino de transformación para desprendernos de todo aquello que nos impide a los hombres ser, ante todo, simplemente HUMANOS.

Mauricio Suárez León
@miradamasculina

1. MACHISMO

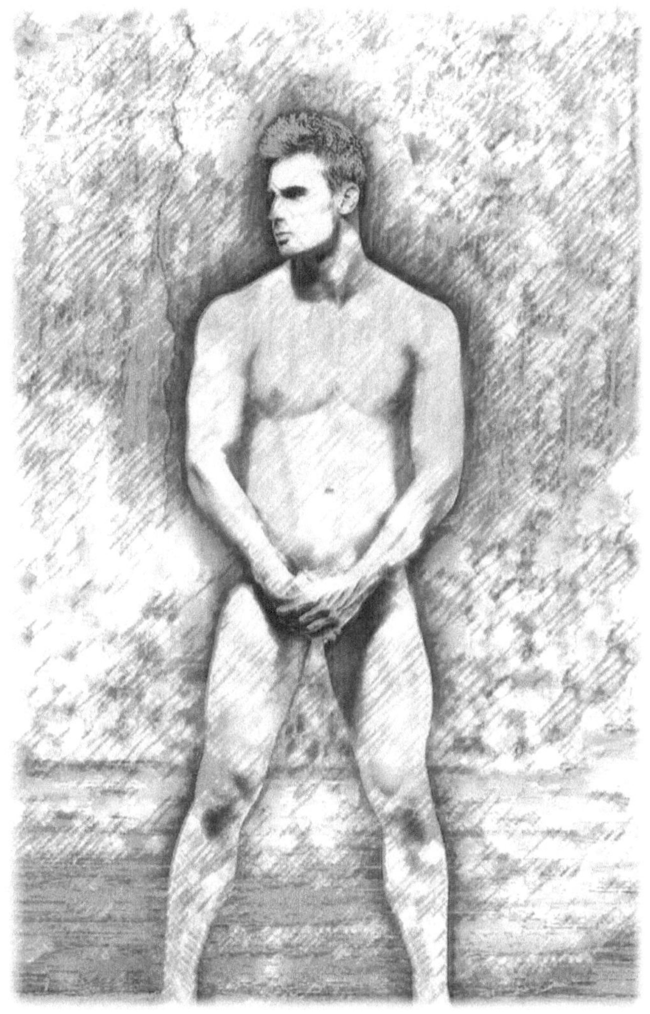

¿QUÉ ES *MACHISMO?*

La primera vez que escuché que alguien me llamaba «machista», como insulto, fue cuando tendría algo más de treinta años. Recibí una llamada telefónica de mi padre, quien había sufrido un problema de salud y estaba en la sala de urgencias de una clínica.

Movido por la angustia de la situación, me había lanzado fuera de mi lugar de trabajo para buscar un taxi que me llevara lo antes posible a la clínica donde él se encontraba. Tan pronto llegué a una esquina, había un taxi estacionado. Lo abordé sin demora y cuando ya estaba sentado, una señora de algo más de cincuenta años que venía corriendo detrás del taxi, se acercó a la ventanilla y me gritó con mucho enfado:

—*¡Machista!*—

Entendí en un segundo lo que pasaba. La señora le había hecho la señal de parada al taxi, y yo1, por la prisa que traía, no la había visto. Sin lugar a duda, ella consideró que le había quitado su derecho a utilizar el vehículo por tratarse de una mujer. Yo era un hombre, así que aparentemente había sacado ventaja de mi condición para quedarme con el vehículo. Por eso, me llamaba machista.

El conductor, que ya había arrancado con celeridad el taxi, me hizo una mirada cómplice por el espejo retrovisor y lanzó un comentario mientras se reía:

—¡La vieja debió quedar muy aburrida!— comentó entre carcajadas *—Pero eso sí qué culpa, si usted se subió primero. ¿Para dónde vamos, señor?*

El concepto de «machismo» hace referencia a una serie de actitudes y comportamientos que los hombres asumimos y que violentan principalmente a las mujeres. ¿Cómo hacemos esto? Simple, al sacar beneficio de nuestra condición masculina cuando imponemos una superioridad que puede ser no solamente física, pero que marca la relación entre géneros.

No había sido mi intención ganarle el servicio a esa señora, pero era tanta mi urgencia y estaba tan metido en mis pensamientos que ni siquiera me había dado cuenta de que otra persona esperaba por ese vehículo. Tampoco detallé que era una persona mayor y mucho menos me había fijado en que era una mujer. ¿Eso me hacía un machista?

La idea me quedó sonando, dando vueltas, porque pensé en las muchas veces que mi condición de hombre me había permitido hacer cosas que solo por mi género podía realizar:

- Ganarme a la fuerza un espacio en el transporte público.
- Tener un mejor contrato en algún trabajo.
- Beber más de la cuenta y luego andar por la calle sin sentir miedo a ser abusado sexualmente.
- Cambiar de novia o tener una nueva pareja sin que por eso se me juzgara con severidad en mi familia.

Todas ellas, situaciones que pueden ser socialmente aceptadas con mayor facilidad, dependiendo de si quien las lleva a cabo es un hombre o una mujer.

¿Solo las mujeres pudieron ser víctimas de esas actitudes? Posiblemente sí, en algunas de ellas; pero en otras, pude haber agredido también a otros hombres. La forma de ser del machista está motivada por un egoísmo extremo que exige imponerse a la fuerza sobre los demás, sin importar edad, género, raza o cualquier otra condición que represente una diferencia.

Años más tarde, entendí que muchas de las actitudes de los hombres terminan siendo machistas cuando están motivadas por un sentimiento de superioridad. Pero no es solo eso, ya que también va de la mano con un afán de competir que nos lleva a pasar por encima de los demás.

Solo para sentirnos muy hombres.

Necesitamos demostrar que no somos frágiles o débiles frente a otros, precisamente porque de esa manera se nos formó para ser hombres, queriendo ser siempre fuertes, valientes, arrogantes, autosuficientes y hasta prepotentes.

¿Me había convertido en una persona agresiva que representaba un peligro para los demás, especialmente para las mujeres? Quizás con algunas de mis actitudes inconscientes lo estaba siendo, pero creía que esa era la forma en la que debía ser hombre: incluso me hacía muy hombre.

No lanzaba piropos ni tocaba sin su permiso a ninguna mujer, por considerarlo irrespetuoso, pero sí presumía de ser un conquistador. Uno al que le gustaba bailar para tener un acercamiento físico con muchas mujeres, sin que fuera un problema sobrepasar algunos límites hasta alcanzar una mayor intimidad, lo cual, debo admitir, era mi objetivo final.

¿Qué estaba mal con eso? Para mí, en su momento, nada; pero, si una mujer de mi familia fuera objeto de esa inofensiva estrategia de seducción, ¿estaría tan tranquilo? ¿Al padre de alguna de mis conquistas le gustaría ver que su hija era seducida con trucos y engaños «machistas»?

Quizás los hombres consideramos que el cuerpo de las mujeres nos pertenece o que podemos opinar sobre él y decidir el uso que ellas deban darle, solo por el hecho de ser hombres. Esto también puede ser interpretado como machismo, así le pongamos la máscara del cariño, la protección o lo justifiquemos en que *ellas quieren lo mismo*.

El límite entre seducción y acoso ha llevado a que cada vez más los hombres aprendamos a leer las señales y a entender que nada justifica el sobrepasarse: ni la forma en la que esté vestida una mujer ni la cantidad de licor que haya tomado ni la situación en la que se encuentre.

Un «no» es siempre un «no», pero yo me había formado en la vieja escuela del machismo y creía que un «no», con algo de insistencia, podía ser un «sí».

En esa escuela, ser insistente frente a una negativa era un rasgo de virilidad. Lanzarse a una conquista, motivado por la competencia o la aprobación de otros hombres, era visto como una forma de éxito, a pesar de la evidente inmadurez que conlleva. Y, por supuesto, aprovechar una posición de poder para satisfacer deseos personales era considerado como la astucia de un Don Juan.

Esas actitudes me hacían sentir muy hombre. Pero el detalle más importante radica en que tampoco habría sabido ser de otra manera; después de todo, había visto las mismas actitudes en los hombres de mi familia, en mis amigos y en mis colegas. Así que, como todo ser humano, por simple imitación había terminado por aceptarlas como norma.

También, al igual que otros hombres, había tenido que pasar por situaciones violentas, correr riesgos innecesarios, mostrarme fuerte y autosuficiente, nunca quejarme de cansancio y no poner límites a mis obligaciones laborales. ¿Acaso había otra forma de ser hombre?

Esas actitudes eran resultado de un entorno y unas experiencias machistas, en las que había creído durante mucho tiempo. Así, también en mi propia vida, llegué a asumir un exceso de presión física y mental, tratando de sobrellevar pesadas obligaciones solo por mi género. Esta fue la manera en la que pude comprobar que el machismo afecta la salud física y el equilibrio mental de muchos otros hombres.

Por ejemplo, no permitirse expresar emociones había llevado a que algunos hombres asumieran relaciones de codependencia con su pareja, tuvieran dificultades para establecer límites en lo personal y terminaran cediendo a una manipulación permanente. En otros casos, buscando la aprobación de su hombría, incluso habían caído en adicciones al alcohol, al sexo o a las drogas. El desequilibrio personal era otra prueba de que el machismo había traído más daños que beneficios a sus vidas.

Algunos de los hombres que conocía aceptaban con naturalidad que el rol masculino suponía también el derecho a mantener en secreto, y con complicidad de sus amigos, una doble moral en sus relaciones de pareja. Tener amantes, ser promiscuos, estar siempre dispuestos al acto sexual y jamás rechazar una oportunidad eran la demostración de su hombría… y, cuando no había nadie disponible, se refugiaban en la pornografía o en cualquier desfogue para su sexualidad, como si se tratara de un incontrolable impulso físico.

¿No era ese estilo de vida una consecuencia más de la sociedad machista?

Constantemente, escuchaba a las mujeres de mi entorno quejarse de un machismo visible solo para ellas: el del acoso callejero, la irresponsabilidad con los hijos, los prejuicios sobre su forma de conducir o su incapacidad para algunas labores en las que seguían reconociendo mayor valor y remuneración a los hombres. Y qué decir de los celos y la violencia en sus parejas, las explicaciones con las que las infantilizaban sus padres, sus profesores y hasta sus jefes. Sin embargo, eso parecía no afectarnos a los hombres, por lo menos no directamente.

¿Eran esos los privilegios de ser hombre?

Acabé por aceptar que no había conocido una forma distinta de ser hombre. Los rasgos más sensibles de mi personalidad, como mi actitud conciliadora y mi interés en siempre relacionarme desde el respeto con todas las personas, habían tenido que quedar reservados solamente para la vida íntima, ya que no resultaban ser atributos para mostrar con orgullo.

La exigencia social y laboral, sumada a la presión familiar por la responsabilidad y el deber como cuidador y proveedor, me habían llevado a aceptar una forma única de ser hombre: un estereotipo masculino. Pero sobre todo, a PARECER más que SER, ya que no me identificaba plenamente con dicho estereotipo.

En ese orden de ideas, hasta ese momento yo también era machista; pero NO por decisión, pues, así como no había decidido en qué familia y en qué sociedad nacer, tampoco había elegido qué tipo de hombre aprendería a ser.

Sin embargo, ya habiendo hecho un profundo análisis sobre el tema, me di cuenta de que podía elegir ahora, con algo más de conciencia, si quería o no seguir siendo ese tipo de hombre. Podía elegir si me sentía realizado con esa forma de actuar y relacionarme con los demás, tratando de encajar en el estereotipo machista, aunque no fuera completamente compatible con mi personalidad.

Así, comencé por examinar si esas actitudes «tóxicas» contra otros y contra mí mismo podían revertirse, si podía comenzar a modificarlas y cambiarlas por otras que hicieran menos daño al equilibrio de mi vida, a mis relaciones con otros, especialmente con las mujeres, y a la necesidad de aportar a una sociedad distinta.

El machismo no debe ser entendido como una forma de pensar, aunque a veces lo parezca. Antes que todo, el machismo es una forma de actuar, de hacer las cosas en la vida diaria en la que se impone una masculinidad dañina aprendida durante generaciones, y que reproducimos muchas veces, hombres y mujeres, sin darnos cuenta.

Gracias a que las mujeres se cansaron de ser sus principales víctimas y empezaron a cuestionarnos, pudimos comenzar a identificar cómo también el machismo afecta nuestras vidas, negándonos la posibilidad de ser hombres de otra forma, quizás más humana y sensible, menos nociva para nosotros mismos y para los demás.

Si queremos cambiar ese desequilibrio en las relaciones entre hombres y mujeres, en las que el género parece ser un factor muy importante, debemos comenzar por concientizarnos de que el machismo lo producimos entre todas las personas. Y solo podremos cambiarlo o dejarlo como asunto del pasado cuando estemos de acuerdo en que este tiempo moderno requiere otra forma de masculinidad.

Si seguimos tolerando situaciones en las que aceptamos que un hombre, solo por el hecho de serlo, puede tener algún valor que lo haga superior en algún sentido o con más derechos que cualquier otra persona, estamos fomentando el machismo. Por el contrario, si motivamos las capacidades de cualquier persona, sin importar su género o su orientación sexual, entonces estaremos generando equidad de oportunidades.

Para poner un ejemplo puntual: un futbolista llega a ser la persona que mejor domina el balón en ese deporte o el que más goles hace, gracias a que desde niño se le estimula a que lo practique. Con las mujeres es un caso completamente diferente, ya que, aun en muchos lugares, se les incentiva a practicar cosas «más femeninas». Por esto, no podemos esperar que una mujer llegue al mismo nivel, a menos que le demos las mismas oportunidades y posibilidades.

El día en que más mujeres futbolistas tengan la misma posibilidad de profesionalizarse en ese deporte, como lo hacen las grandes figuras masculinas, estaremos alcanzando el nivel de igualdad al que aspiramos como sociedad.

Hoy por hoy, especialmente en países donde las mujeres deportistas enfrentan enormes dificultades por el hecho mismo de dedicarse a esa actividad profesional, las mujeres no reciben el apoyo o los incentivos económicos suficientes para hacer del deporte su profesión. Pero tampoco la sociedad concede la misma importancia a sus partidos, a sus campeonatos, a sus ligas, para que dejen de ser vistas como deportistas de menor categoría.

Esa misma dinámica es posible aplicarla a todas las actividades que realizamos, incluso en la vida cotidiana. En muchas casas, por mencionar otro ejemplo, se considera que ya no hay machismo porque los hombres «ayudan» lavando los platos sucios o sacando la basura de la casa. Sin embargo, se sigue considerando que hay oficios o actividades que no pueden hacer porque corresponden más a las mujeres, tales como cocinar, coser, decorar, hacer mercado o cambiar pañales.

De fondo, lo que parece imponerse allí es la idea de que existen actividades que son para hombres y actividades que son para mujeres, aunque la vida diaria no discrimine en que todos tengamos necesidad de aprenderlas o realizarlas.

Si somos conscientes de que hay un problema para otros o un conflicto para nosotros mismos cuando tenemos actitudes machistas, entonces podemos elegir la mejor opción para no tenerlas. Por ejemplo, cuando se permite que un hijo traiga novias a la casa para tener sexo porque es varón, y al mismo tiempo se prohíbe que las hijas hagan lo mismo; eso es machismo. De igual manera, también es machismo que un hombre necesite embriagarse para expresar sus emociones, manifestar afectos o expresar una queja por algo que lo afecta.

Probablemente, no nos hemos dado cuenta, porque son conductas que hemos normalizado.

Cuestionar el machismo no es un ataque a los hombres, como se ha planteado desde una posición individualista, privilegiada y para nada solidaria con las reivindicaciones femeninas. Por el contrario, cuestionar el machismo es más bien recuperar el valor de todas las personas no por su género, sino por sus capacidades, talentos y potencialidades humanas.

No se trata de quién es más víctima, sino de reconocer que son las actitudes que asumimos las que nos responsabilizan frente a ese problema. Los hombres somos los principales agresores de las mujeres, sin duda alguna, y precisamente por no aceptarlo como respuesta machista, negamos la responsabilidad. Y también está el caso de los que, en cierto punto, no manifestamos que estamos en desacuerdo con tal situación, por lo cual terminamos siendo los mayores generadores de violencia contra nosotros mismos y contra otros hombres.

Es el círculo vicioso del machismo el que debemos comenzar a desmontar, si es que queremos lograr algún día vivir en una sociedad menos violenta, más tolerante con las diferencias.

¿CUÁNDO Y DÓNDE TIENE LUGAR EL MACHISMO EN NUESTRA SOCIEDAD?

El machismo está presente en la cultura y podemos encontrarlo en muchas situaciones de la vida diaria, pero para reconocerlo debemos cuestionar los roles de género que desempeñamos o que desempeñan otros. Para decirlo de una manera simple, debemos ponernos las gafas adecuadas, ver la interacción de las personas desde la perspectiva de género y preguntarnos si hay machismo en ella o no.

En general, el machismo se reproduce en las relaciones entre las personas al suponer que hay condiciones de superioridad masculina sobre las características del género femenino. Tanto si nos enseñaron a no llorar siendo hombres (fuerza) como si nos enseñaron a esperar encontrar un hombre que fuera proveedor, siendo mujer (protección), se está reafirmando el valor de una característica del estereotipo machista.

En cualquiera de los dos casos, se alimenta, a lo largo de la vida, una idea típica de ser hombre que no coincide con la realidad. Un hombre rudo e insensible o un macho proveedor son simples roles que no definen completamente la identidad masculina.

Existe actualmente todo un sistema de valores y creencias para transmitir en la sociedad una visión distorsionada de qué sí es y qué no es ser hombre, rechazando el ser mujer, o cualquier forma diferente de ser, por considerarla débil, distinta, extraña o que representa un riesgo para la superioridad machista.

En cuanto aceptamos o rechazamos el rol tradicional de ser hombre o mujer, definimos también los límites de nuestra personalidad y la relación con la diferencia. Es posible, por ejemplo, ser un hombre sensible o una mujer autosuficiente, que no dependa de un hombre, gracias a ese proceso de definición de una identidad personal.

Estos estereotipos encasillan a hombres y mujeres en la realización de determinadas labores, limitando su potencial personal para hacer otras tareas, distintas a las que imponen los roles tradicionales.

Desafortunadamente, los hombres que crezcan con este modelo tendrán más posibilidades de convertirse en adultos disfuncionales que dependan de una mujer para su atención personal y las mujeres asumirán como prioridad en su proyecto de vida el realizar tareas del hogar y buscar su «príncipe azul», sacrificando intereses o vocaciones personales.

Ese modelo de formación mediante roles de género, al igual que la forma de relacionarse con los padres, ya estén presentes o ausentes, permite también a los hijos e hijas aprender y proyectarse en las relaciones con el sexo opuesto. Y está de más decir que será esa la manera que utilicen para establecer las normas o los acuerdos de convivencia en la pareja o el hogar.

En la familia, por ejemplo, es bien sabido que las tareas generalmente se asignan de acuerdo con el rol del género: las mujeres cocinan, hacen aseo, cuidan de los más pequeños o enfermos y no deben nunca salir solas. Los hombres, por el contrario, solo realizarán labores que impliquen fuerza y pocas veces se involucran en las actividades «domésticas», lo que conlleva a que tendrán más tiempo libre y pocas condiciones que eviten que salgan de la casa.

En la escuela también se reproduce el machismo y por eso mismo es un buen lugar para desmontarlo. El panorama tradicional del patio de juegos en el que los niños se hacían al poder del territorio para su disfrute y las niñas debían limitarse a actividades pasivas en pequeños grupos, todavía no ha cambiado. Formar en el respeto por la diferencia, haciendo hincapié en la tolerancia para alejarse de los estereotipos de género, sigue siendo una tarea pendiente de la institución escolar.

Machismo al desnudo

Las creencias del tipo «los niños son mejores para los deportes y las niñas son mejores estudiantes» son limitantes de las potencialidades individuales y hacen énfasis en aspectos que se han convertido en definición de qué es ser hombre o qué es ser mujer, sin reconocer las diferencias desde las primeras etapas de la vida.

También las relaciones de pareja son un buen laboratorio social para observar las relaciones entre géneros y fácilmente permiten identificar relaciones de poder de tipo «machista». No es gratuito que sea en las parejas donde más se presentan casos de violencia y agresión hacia las mujeres. Y lo más triste de todo es que casi siempre la violencia se da como respuesta a situaciones o decisiones que ponen de presente el deseo de independencia personal de ellas frente a las imposiciones, el control y el afán posesivo de ellos.

Los espacios sociales de interacción, como pueden ser las redes sociales, hacen visible la forma superficial con la que hemos tratado el machismo como problema de nuestra sociedad. Todavía se reproducen estereotipos y conductas machistas, tales como el acoso sexual o la burla y el irrespeto hacia cualquier manifestación o reclamo de empoderamiento femenino que busca mayores espacios de visibilidad y participación.

Los estereotipos machistas también se producen y se reproducen mediante los mensajes que circulan en los medios masivos, principalmente. No podemos seguir difundiendo y repitiendo mensajes que invitan a la violencia o al maltrato físico, al irrespeto o la humillación de otros por su condición de género, como todavía se encuentra en algunos productos de entretenimiento consumidos por millones de personas.

Si logramos como sociedad, tener una mayor conciencia de cuánto nos afecta a todos el seguir fomentando prácticas y actitudes machistas, será mucho más factible alcanzar una auténtica convivencia en equidad. Identificar y reconocer que somos herederos de esa pesada carga cultural, es el primer paso hacia su transformación.

¿CÓMO SE ORIGINA EL MACHISMO? ALGUNOS ANTECEDENTES

Sin pretender hacer una historia del machismo, expongamos algunas etapas que han dado origen a la forma actual de ser hombre (y de paso también de ser mujer), a lo largo del tiempo.

Primero, recordemos que en muchas sociedades y diferentes momentos de la humanidad existieron comunidades matriarcales, en las que era la madre quien establecía el vínculo de los hijos a una comunidad, porque la paternidad biológica no era para nada importante.

También podemos mencionar sociedades como la vikinga, en la que las mujeres tuvieron que aprender a usar las armas, cazar animales, trabajar la tierra, y defenderse solas de invasores y saqueadores durante el tiempo prolongado, a veces definitivo, en que los hombres estaban ausentes.

En las sociedades nómadas, la distribución del trabajo tampoco era determinada por el género: recolectar, cazar, pescar eran tareas que debían realizar tanto hombres como mujeres por ser básicas para su sobrevivencia, como lo demuestran evidencias recientemente encontradas.

La distribución de las tareas domésticas entre hombres y mujeres surgió en la prehistoria por la necesidad estratégica de conseguir alimento: cuando ya no fue suficiente con recoger frutos de los árboles, el hombre tuvo que salir a cazar animales y conquistar nuevos territorios, lo que convirtió su actividad en prioridad para la sobrevivencia grupal, mientras la mujer se encargaba del cuidado y la crianza de los hijos.

En etapas posteriores de la antigüedad, la fuerza física masculina se premió con los botines de guerra y las mujeres se convirtieron en una propiedad más de los guerreros. El hombre podía acumular bienes y tierras, por lo que debía garantizar que sus descendientes directos recibieran los beneficios que había obtenido, principalmente si llegaba a fallecer, como era frecuente. Las mujeres y sus hijos pasaron en ese momento a convertirse en dependientes de su cuidado y protección para mantener a salvo sus vidas.

De esta manera, se estableció un sistema que podemos llamar «patriarcal», basado en el reconocimiento paterno como principio para la organización familiar y social. También, a la par con la idea de la protección paterna, se establece una ley de obediencia, sumisión y virtud, que aplicaba exclusivamente para las mujeres, con el propósito de garantizar la propiedad y el control sobre sus cuerpos, y asegurar así la paternidad sobre la descendencia, por parte de los hombres.

Ese orden, del que conocemos testimonios a través de las historias bíblicas o la legislación romana, para dar algunos ejemplos, tiene cerca de cuatro mil años de existencia y es el que fundamenta la idea —todavía imperante en nuestros tiempos— de la superioridad masculina frente al género femenino, base del machismo.

La idea de la superioridad física masculina, producto de las circunstancias históricas con la que se originó ese sistema patriarcal, comenzó a cuestionarse cuando dejó de ser necesaria para la sobrevivencia humana con la aparición de las máquinas. Esta innovación trajo como consecuencia que las labores productivas pudiesen ser realizadas por cualquiera, independiente de su género.

Con la Revolución Industrial del siglo XIX, se produjo una gran transformación en las relaciones de género: las mujeres ingresaron al mercado laboral. Ahí se encontraron con un sistema que requería su mano de obra, pero se negaba a reconocerles igualdad salarial y de derechos, siguiendo el mandato establecido por el modelo patriarcal.

Para esa época, el hombre se seguía considerando un ser dotado de superioridad y, como privilegio, se le retribuía con mejores condiciones salariales y mayores posibilidades de ascenso.

Posteriormente, los movimientos feministas fueron cuestionando las condiciones del orden patriarcal.

Empezaron reivindicaciones no solo laborales y salariales, sino también de los derechos que se vulneraban al no reconocer la importancia de su trabajo en el espacio doméstico con el cuidado y atención de los hijos, del esposo y de los mayores de la familia.

Esto llevó a que ellas asumieran otros cuestionamientos como la dependencia económica de los hombres. Tampoco estaban dispuestas a que ellos siguieran considerándose dueños de sus cuerpos. Mucho menos, a aceptar que estos siguieran esperando atenciones y cuidado en la casa, cuando ellas también tenían que trabajar y cuidar a los hijos.

Muchas veces, al ver amenazados sus privilegios y control sobre las mujeres, los hombres utilizaban el recurso de la fuerza y la violencia contra ellas, hecho que sigue sucediendo como lo demuestran las cifras aterradoras de feminicidios que se cometen a diario.

Es lamentable que solo hasta este tiempo se ha comenzado a aceptar que el machismo impuesto por ese antiguo sistema patriarcal también afecta al género masculino en su salud mental y física, como lo hace evidente la elevada tasa de casos de depresión y suicidio en hombres, así como el mayor número de muertes de hombres en situaciones violentas.

Si algo podemos obtener los hombres con transformar esos hábitos y actitudes machistas heredados del pasado es lograr ser más auténticos, pero sobre todo mucho más felices disfrutando de otras formas menos agresivas de relacionarnos con los demás, reconociendo que la dureza y la fuerza no son el único valor que tenemos como hombres. .

2. ¿Y CÓMO UN VARÓN SE CONVIERTE EN MACHO?

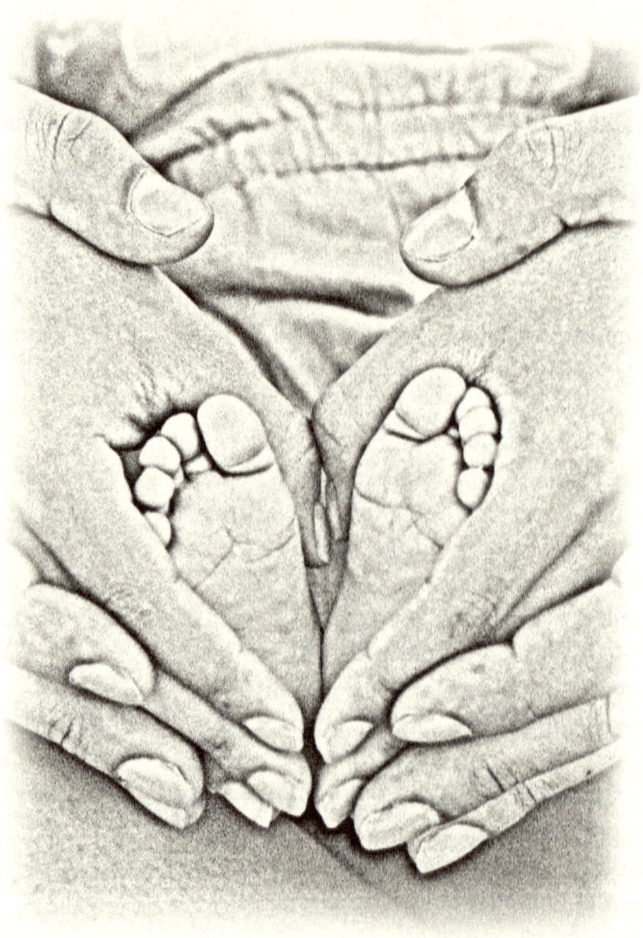

¡ES UN NIÑO!

«¡Su hijo nació varón, señor! Es grandote y muy hermoso» (Cuco Valoy)

Hasta hace muy poco tiempo, nacer de sexo masculino era ganarse el premio mayor en la lotería de la vida. Nacer varón destinaba a aquel niño a tener el privilegio de pasar el apellido a las siguientes generaciones, por lo que el apéndice que colgaba entre sus piernas lo hacía un verdadero campeón en la carrera de la evolución humana, por encima de cualquier mujer.

La descendencia familiar quedaba garantizada: «Mi heredero», decía con gran orgullo el padre.

Por eso los padres —y también las madres— deseaban tener hijos hombres y, si todavía no los tenían, consideraban que algo les faltaba hasta que por fin llegara un niño a la familia.

«Cuando nació mi hija, el taxista que nos llevaba de regreso al hospital, después de felicitarme, me dijo: no se preocupe, ya nacerá el varoncito», cuenta un hombre que vivió la paternidad hace apenas algunos años.

Si se trataba de un niño, por el mero hecho de serlo, este no solo nacía libre de las dificultades, exigencias y amenazas que tendrían que afrontar las mujeres, sino que también recibía privilegios que hacían posible más atenciones y cuidado especial por parte de la madre. Al varón se le concedía el derecho a recibir siempre más afecto, comida, y autonomía, sin exigir mucho de él, solo por su condición de hombre.

La madre también consideraba que, si daba a luz un varón, estaba asegurando la descendencia del marido y, de esa manera, eliminaba cualquier deseo que él tuviera por engendrar «hijos ilegítimos», como en tiempos de nuestros abuelos se les solía llamar a los nacidos por fuera de las uniones legales.

Otro aspecto que resultaba favorable con el nacimiento de un varón era que este hijo podía aprender el oficio del padre, de manera que la comunicación del padre con su hijo hombre y el tiempo dedicado a formarlo era mucho mayor, que el dedicado a las hijas, por ejemplo.

Puesto que las mujeres estaban destinadas a ser «adquiridas» por sus maridos, según los principios machistas, debían aprender sobre todo las labores domésticas y el cuidado del hogar. Mientras tanto, en los hombres se fomentaban las habilidades del trabajo, el comercio y la administración de propiedades, y se les preparaba para responder por la familia y los bienes que heredarían de su padre, si este llegaba a faltar.

Con esa motivación machista, las mujeres «buscaban el varoncito», como se solía decir, pues, en tiempos anteriores, todavía existía la creencia de que el sexo de los hijos era determinado por las madres, y sobre ella recaía la responsabilidad de traer descendientes varones al mundo.

Más adelante se sabría que las características sexuales de los hijos no las determina la madre, sino que las aporta la semilla paterna, y que la frustración por no tener varones era resultado de la incapacidad genética del padre para engendrarlos.

Hoy en día, todavía los varones nacen con los privilegios heredados de ese pensamiento machista tradicional, pero también pagan un alto precio si son formados y se quedan solamente con ese modelo en mente.

Existe en la actualidad una expectativa muy diferente en la familia y la sociedad sobre lo que se espera de los hombres: ya no resulta suficiente con nacer siendo hombre. Muchas veces no hay privilegios ni herencias materiales en las familias y, por el contrario, sí existe la necesidad de un papel activo de participación en la vida doméstica y aprendizaje de roles diferentes al tradicional. Dicha participación le permitirá al varón adaptarse a las nuevas condiciones y realidades en las que debe vivir, sin privilegios, en igualdad de derechos y deberes con las mujeres de su entorno.

EL MUNDO AZUL

Hasta hace muy poco tiempo, la infancia de los varones era toda de color azul. Era casi una obligación que los objetos del mundo viril tuvieran ese color. Podía haber pelotas de otros colores, sonajero de otro color y hasta algún juguete rosado, pero lo que sí resultaba impensable es que en la ropa —principalmente— y los juguetes preferidos de un niño, fueran de un color diferente al azul.

Esta identificación entre el sexo de nacimiento y los colores (azul para los niños y rosado para las niñas) hace parte de los llamados estereotipos de género; es decir, una forma extendida de ser o hacer que se considera común a un grupo de personas, hombres o mujeres, y que se impone todavía como costumbre en la sociedad.

Algunos juguetes resultan obvios en esa intención, tales como las armas que invitan al juego de dispararle a un rival; uno de los roles que muchos varones de las pasadas generaciones aprendimos y después para algunos se convirtió en su opción de vida y hasta en su «profesión».

También en los juegos se fomenta el machismo al considerar que los juegos y los juguetes para niños —a diferencia de los de las niñas— no deben motivarlos a realizar actividades que se consideran propios de las mujeres o que puedan «afeminar», por decirlo de algún modo, a los chicos que los realicen.

La infancia de los chicos, por lo general, está llena de estímulos y mensajes sobre lo que puede ser o hacer un varón cuando crezca: juegos de armar y desarmar, todo tipo de vehículos y juguetes con ruedas que motivan a ir a la aventura, a superar retos y, especialmente, a sentirse fuerte, poderoso, invencible.

NO LLORAR, AGUANTAR

Los varones, sobre todo de las anteriores generaciones, aprendimos durante la infancia a no manifestar emociones.

La idea de convertirnos en el macho inexpresivo y rudo —como eran nuestros héroes del cine, la televisión y los videojuegos— tenía su origen en algo que podíamos considerar un mandato que quedó para siempre registrado en nuestra memoria masculina, desde los primeros años de vida:

«Los hombres no deben llorar».

Esa frase, generalmente pronunciada por los padres, los mayores formadores del carácter de los varones, se reforzaría después en el entorno escolar, donde muchas veces se considera la expresión de emocionalidad a través del llanto como algo solo aceptable en las niñas.

Tan pronto un niño expresaba que tenía fobia a la oscuridad, que le dolía algo al caerse o golpearse o, peor aún, que lloraba sin una causa aparente que lo justificara, venía el reproche de los adultos tratando de minimizar y ocultar la reacción emocional, para evitar que se hiciera evidente la fragilidad, el quiebre.

Así, cualquier forma de queja, cualquier muestra de fragilidad o expresión de sentimientos era reprochable en los varones porque los hacía parecer femeninos, algo que sencillamente se juzgaba con dureza y resultaba inaceptable en cualquier entorno machista.

Generalmente, los mandatos del machismo venían acompañados de alguna amenaza o chantaje para que se reprimiera lo antes posible -¡ojalá de inmediato!- esa manifestación de debilidad e incluso llegaban a convertirse en castigo físico por cuenta de padres que también habían sido formados con ese modelo de machismo violento.

Esto para dejar bien claro al niño varón que por ningún motivo le permitirían que tuviera reacciones emocionales como esas: «Le doy más duro para que llore por algo» o «deje de llorar (o quejarse), que eso es de niñas».

De igual forma, los amigos y los grupos de hombres tenían, como uno de sus principios, exigirle a quien quisiera ser aceptado dar muestras de suficiente hombría, a través de cualquier desafío que le exija una actitud valiente y temeraria. Sin embargo, lo que más se exigía era que se demostrara la capacidad para reprimir toda manifestación emocional o de vulnerabilidad, algo completamente inaceptable para un grupo de hombres.

Insultos o descalificaciones como «parece una nena», «no sea niña», «parece una vieja» siguen siendo comunes no solo como forma de reafirmar una valoración machista de superioridad sobre lo femenino, sino que también tienen como propósito dejar bien en claro que la rudeza y la fuerza física son el máximo valor de la masculinidad. Cualquier situación de queja o cualquier expresión de «fragilidad» es duramente reprimida por el entorno machista.

Machismo al desnudo

Este aprendizaje exige que una situación dolorosa para el varón se oculte y así esconda sus emociones. También fomenta la idea de que no se deben tolerar debilidades o fragilidades, ni en sí mismo ni en ningún otro, aspecto que resulta totalmente contrario a la naturaleza humana.

Por todo esto, las frases convencionales y estereotipadas sobre la masculinidad se convierten en el credo que repite el varón en su mente cada vez que debe sobrellevar alguna de estas emociones: «Debo ser macho, debo ser valiente», «no debo llorar, soy un hombre», «no quiero parecer una nena», «van a pensar que soy débil».

No es difícil deducir que la repetición de ese tipo de mensajes en la infancia —apoyados en el entorno escolar y en el grupo de amigos— termina por formarnos como hombres machistas, en muchos casos, que vivimos como si estuviéramos anestesiados frente a las emociones y tuviéramos que reprimir cualquier expresión o manifestación sensible para no aceptar la vulnerabilidad propia y así evitar el ser vistos como «frágiles», «poco masculinos» o «afeminados».

Terminamos convencidos de que, cuando hay emocionalidad, la masculinidad desaparece, dejamos de ser hombres y nuestra virilidad se disuelve instantáneamente con las emociones.

De esta manera, el machismo insensibiliza, forma individuos que rechazan una parte importante de sí mismos; individuos que solo serán capaces de ocultar, negar y temer a sus emociones, como si se tratara de un peligro o una amenaza, como si ser expresivo o espontáneo les restara masculinidad.

DEMOSTRAR LA VIRILIDAD

Las exigencias que nos planteaba la masculinidad tóxica a los varones comenzaban en la infancia: teníamos que probar que éramos muy hombres. No era suficiente con haber nacido de sexo masculino, había que demostrar la «hombría» sin que importara que fuéramos niños, es decir varones de sexo masculino. En cada situación, en cada reto, estaba en juego nuestro valor como hombres.

Por ejemplo, si éramos varones cuando elegíamos los juguetes, también debíamos serlo cuando decidíamos con quién jugar y cuando escogíamos una actividad y no otra porque era de niños; no de niñas.

De preferencia, no debíamos mostrar el más mínimo interés por el color rosado o por cualquier juguete o prenda de vestir que lo tuviera, tampoco por bailar o por pasar tiempo jugando con las niñas. ¿Por qué? Simple: si alguien nos veía en esas actividades, esta persona pondría en sospecha la virilidad que a sus ojos debíamos tener.

Tampoco en las necesidades emocionales y en las expresiones de afecto con los demás, especialmente con los padres, debíamos excedernos en efusividad o cariño, mucho menos en público.

Machismo al desnudo

Si a un niño le motivaba moverse al ritmo de la música, querer usar el pelo largo y evitaba, por ejemplo, jugar al fútbol para participar en actividades menos competitivas o individuales, casi todos los demás sentenciaban que era «amanerado», es decir femenino, frágil, poco hombre.

Ese niño se consideraba raro y su masculinidad se ponía en duda, por lo cual se le comenzaba a exigir —a veces a imponer de forma directa— un mayor esfuerzo por demostrar que era suficientemente niño, varón y de paso, macho. Una prueba de fortaleza física, un acto de valentía o un atrevimiento podían disipar las dudas.

Debíamos aprender, en esa época, a rechazar y ocultar cualquier rasgo de debilidad, por mínimo que fuera; por eso, también nos alejábamos de las niñas, para que no se nos fuera a «pegar algo», para evitar parecernos a ellas o adquirir algunos de sus gustos o preferencias. Así, aprendimos a mantener en secreto cualquier inseguridad, miedo, fobia o temor que no se ajustara a esa exigencia de cómo ser un «verdadero hombre».

De paso, también aprendimos a esconder los afectos y emociones, las pasiones, las palabras y toda forma de expresión de la interioridad, de la subjetividad. La virilidad debía demostrarse solamente en el hacer, no en el sentir y mucho menos en el expresar, eso era algo que debíamos entender y asumir para el resto de la vida.

Era común que, para mantener esa máscara del «machito», se convirtiera en clandestina, cualquier actividad considerada poco viril con la que alguno encontraba la plena expresión de su personalidad: escuchar cierto tipo de música, cocinar, disfrutar del cuidado personal o simplemente tener buen gusto o modales.

Todavía, muchos varones de generaciones anteriores, siguen practicando en la clandestinidad esa actividad que les apasiona, manteniendo oculta cualquier afición que permita construir ese mundo propio en el que siempre se han sentido mejor. Sin embargo, el temor a ser juzgados o señalados por los prejuicios machistas, aun después de tantos años, los obligan a reservarse ese gusto para la intimidad, evitando así ser confrontados sobre su masculinidad.

Algunos otros hombres, a los que no les fue permitida la expresión emocional en la infancia, se convirtieron en adultos que reafirman su masculinidad con exceso de fuerza y hasta con violencia, porque viven con el fantasma de que va a ser juzgada su virilidad.

Otros se convirtieron en aquel personaje frecuente en los grupos de hombres que necesita tomarse unos tragos o perder de alguna forma los remarcados límites que le impiden expresar sus emociones, para por fin poder manifestar cariño a sus amigos, afecto sincero de amistad, pero siempre oculto por temor al rechazo.

Esa emocionalidad latente, no expresada durante mucho tiempo, también, en algunos casos, se convirtió en una masculinidad tóxica de incomunicación y permanente distancia emocional, llevando a que un hombre posiblemente confronte con vehemencia o no tolere la debilidad en los otros, porque nunca pudo llegar a permitirse tal debilidad a sí mismo.

«EL HOMBRE DE LA CASA» Y OTRAS FRASES MACHISTAS

Son muchos los mensajes que, de manera directa, llevan a considerar formas de vestir, juegos, actividades y conductas como masculinas (apropiadas para «machos»), pero son pocas las veces en las que también permiten a los niños la posibilidad de elegir y decidir lo que más se ajuste a su personalidad o a sus intereses.

Algunas frases pueden tener impacto no solo en sus gustos y decisiones, sino también en su valoración de los demás, especialmente si son mujeres o personas de alguna condición distinta, porque están cargadas de un mensaje de superioridad.

Veamos algunos ejemplos:

Si un niño es «el hombre de la casa», ¿quiere decir que las mujeres necesitan protección de él porque son débiles? ¿Ser el hombre de la casa podría ser también el que debe celarlas, vigilarlas o reprenderlas? Y si decide golpearlas o maltratarlas, ¿estaría bien?

Quizá, más importante que las frases en sí mismas, son las actitudes que las acompañan, como si se tratara de algo normal.

Para conseguir un avance debe haber un cambio de paradigma. Afirmaciones o sentencias del tipo «pareces una niña», «los hombres no lloran» y «eso es cosa de mujeres», «los hombres en la cocina huelen a caca de gallina» deberían ser reemplazadas por frases o palabras que no estén determinadas por esa notoriedad de sesgo o diferencias que marcan los llamados roles de género.

De esta manera, el simple hecho de recoger los platos en la mesa después de comer, ordenar y asear sus cosas, ayudar en labores de la casa, practicar un deporte o tener una afición, queda demostrado que nada tienen que ver con el hecho de ser hombre o ser mujer, tener más fuerza, inteligencia o sensibilidad, según el género.

EL MODELO PATERNO Y MATERNO

Los varones aprendemos cómo ser «machos» por imitación. El primer ejemplo lo recibimos de nuestro padre, de quien copiamos expresiones, actitudes, forma de relacionarnos con el sexo opuesto y muchas otras características masculinas. Si por alguna razón hay una ausencia de este modelo, buscaremos espontáneamente alguien de quien tomar actitudes que nos permitan asumir el rol.

De cualquier forma, tanto el padre como la madre educan. En muchas ocasiones, la madre es quien, por temas de herencias y patrones de comportamiento aprendidos, transmite los roles que, desde su entendimiento, han de seguir los niños/niñas. Luego se convertirán en hombres y mujeres adultos con las características aprendidas de «ser» o «hacer» de un modo determinado.

Algunos hombres siguen el modelo masculino de un familiar (tío, primo, abuelo, hermano mayor). Allí radica la importancia del entorno más inmediato y la necesidad de que los padres tengan un control sobre mensajes, ejemplos, actividades y todo aquello que incida en la definición del rol masculino que se vaya formando.

En cuanto a la madre, será la persona más importante para moldear la relación que su hijo tenga con el sexo opuesto. Generalmente, las madres tienden a sobreproteger y complacer con mayores atenciones a los hijos varones y de allí se derivan personalidades dependientes, manipuladoras o inestables emocionalmente. En estos casos, se forman hombres que solo conocen la complacencia egoísta del deseo, pero pocas veces son capaces de tramitar acuerdos.

Son conocidas las quejas de las mujeres que intentan establecer pareja con hombres que siguen teniendo un vínculo muy estrecho con sus madres. ¿Por qué es esto? Después de lo vivido en su infancia, es probable que el hombre tenga la idea de que solo su madre sabe hacer las cosas como a él le gusta: cocinar, arreglarle la ropa, escucharlo y entenderlo.

Cuando esa madre además ha aceptado maltratos, es servil, tolera el irrespeto, acepta infidelidades y hasta permite la violencia como forma natural de ser pareja, lo más seguro es que su hijo interiorice la idea de que así se debe tratar a las mujeres. Por eso, repetirá ese esquema machista, violento y maltratador aprendido en casa.

No solo es el ejemplo del padre; también es el límite que la madre establezca como respeto a sí misma y a las mujeres del entorno lo que hará que cuando crezca ese hombre tenga actitudes machistas o se relacione de forma respetuosa o amorosa con las mujeres.

MOSTRARSE SENSIBLE NO ES DEBILIDAD

A los hombres nos enseñaban a no expresar emociones y ese mandato machista en realidad nos ha privado de humanidad. ¿Quién desea estar en la vida sin manifestar cómo se siente frente a una situación en particular, un acontecimiento o un logro personal?

El hombre machista, individualista, que solo tiene satisfacciones personales y se muestra molesto por las de otros, que finge indiferencia y se oculta en una aparente frialdad es un estereotipo que cada vez tiene menos acogida en un mundo que reclama de todos los seres humanos una mayor empatía frente a las circunstancias que a todos nos afectan.

La capacidad de trabajo en equipo, los gestos de solidaridad y, sobre todo, la inteligencia emocional son clave para relacionarse de manera armónica y equilibrada con los demás seres y con el entorno.

El interés machista en competir, vencer y humillar al otro puede superarse con actitudes de cooperación y expresión autónoma de emocionalidad. No solo la rabia es una emoción masculina; los hombres también sentimos tristeza, nos emocionamos y nos ponemos felices, podemos admirar con asombro la belleza, expresar el miedo frente a situaciones de duda o incertidumbre y asumir con tranquilidad situaciones o momentos de la vida. Finalmente, como dice una canción, «de eso se trata vivir».

Si estamos vivos y sentimos, ¿por qué no expresarlo?

La sensibilidad también nos hace hombres y es una característica que nos puede dar gratificaciones personales, permitiéndonos una mayor aceptación del sexo opuesto y el aportar abundancia y afecto a las relaciones con quienes nos rodean, especialmente familia y amigos.

De igual manera, la desconexión de lo emocional hace que los varones machistas asuman actitudes poco masculinas como huir después del sexo para evitar establecer algún vínculo. Relacionarse solamente desde la genitalidad o convertir en sexuales todas sus interacciones con las mujeres, termina por hacerlos inseguros, poco interesados más allá de lo físico y, sobre todo, dominados por la necesidad sexual y sin posibilidad de amar, aspecto que frente al sexo opuesto no resulta atractivo.

Nos han vendido la idea de que esas actitudes frías son de «machos»; pero en realidad demuestran cobardía, indecisión, poco autodominio y mucho miedo a sentir y mostrarse, así que, de masculinas, más bien tienen poco en la valoración femenina.

Hasta hace un tiempo se consideraba que un hombre era su palabra. Así que comprometerse en una relación era un principio de «caballerosidad», una expresión cada vez más en desuso, que se refiere al comportamiento respetuoso, cortés y amable no solamente hacia las mujeres, sino con todas las personas.

Con el tiempo, esa idea de ser un caballero se ha ido perdiendo —ya no estamos en la Edad Media—, pero se convirtió en un valor predominante el ser hombre haciendo todo lo contrario: siendo un patán, egoísta, grosero, con la idea de que así se comportan los «machos alfa» y que tener un trato respetuoso con otros es sinónimo de debilidad.

Tener compromiso y cumplir los acuerdos de palabra (en la pareja, en los negocios, etc.) era para el machismo tradicional convertirse en un perfecto perdedor. Por esto, se aceptó como norma que, entre más parejas tuviera un hombre y más incumpliera sus compromisos, más hombre se consideraría, cuando en realidad se estaba negando un principio inherente a la masculinidad: ser hombre es ser decidido, ir tras un propósito claro y asumir responsablemente la vida.

El machismo, como forma de comportamiento, nos había convencido de que las relaciones, el afecto, y todo vínculo emocional era cosa de mujeres. Solamente hasta ahora venimos a reconocer que, al pensar de esa forma, estamos negándonos la posibilidad de intercambio que ofrece una relación, el crecimiento personal que se potencia en la pareja y la proyección hacia un progreso en la vida de manera más equilibrada para ambos.

Al considerar de manera superficial las relaciones y limitarlas solamente al aspecto físico, desperdiciamos tiempo de vida y energía que bien podríamos invertir en construir un propósito común y avanzar hacia él.

Demostrarse sensible no es otra cosa que permitirse ser humano.

¿LAS EMOCIONES SON COSA DE MUJERES?

Los miedos comunes a la condición humana en cualquier edad, espacio y tiempo tienen en el machismo un lugar del que se espera nunca salgan: la negación.

Igual que sucede con los dragones o la vida en otros planetas, los «machos» se resisten a aceptar que existan las emociones a menos que se tenga evidencia suficiente. Por eso la dificultad de expresarlas, porque pertenecen al tipo de características «biológicas» -según dicen- que solamente las mujeres tienen. «Las mujeres son seres emocionales», se repite con frecuencia.

Para los varones de la vieja escuela machista, mostrar las emociones tiene el mismo efecto de la kriptonita en Supermán: los hace débiles.

Ser emocional, siendo varón, es todo lo contrario a ser un verdadero «macho». Si un varón expresa algún sentimiento distinto a la rabia y el rencor, ya es de dudosa masculinidad.

Esa masculinidad machista resulta ser absolutamente «tóxica», para los varones y nuestro entorno, porque solamente nos permite expresar la rabia o la ira (casi en la misma forma en que lo hacía un niño) porque, aunque los varones seamos hombres adultos en edad, todavía nos relacionamos con las emociones de manera infantil.

Vivimos atrapados en la etapa de las «pataletas», y terminamos por creer, cuando algo nos afectaba, que solo podemos sentirnos molestos y expresar con violencia nuestra frustración.

Sin embargo, las emociones son naturales a todo ser humano: sentir miedo, sentirse solo, sufrir una pérdida, estar triste, sentir frustración o impotencia, rabia o alegría, deseo o vergüenza hacen parte de nuestra forma de relacionarnos con el mundo, así que no son ajenas a la vida masculina.

¿Pero cómo tramitamos nuestras emociones? Pareciera que los hombres solo tuviéramos derecho a dos estados emocionales: uno de tranquilidad y otro de explosión; apagado y encendido en dos velocidades.

Nada más lejano de una masculinidad sana que esa actitud machista en la que el miedo que produce reconocer nuestra capacidad sensible como seres humanos nos lleva a no poder manejar las emociones.

EL PODER DE «LA MANADA»

En una antigua historieta, llamada *La pequeña Lulú*, había un grupo de niños, liderados por Tobi Tapia, quienes conformaban un club secreto en el cual existía una única norma: «No se admiten niñas».

Tal y como sucedía en aquella caricatura, era común que los grupos de varones limitaran la pertenencia a estos solo a quienes fueran hombres, y mucho más importante, el derecho de admisión se reservaba especialmente para quienes pasaran pruebas de fuerza, valentía, decisión y destreza, todos ellos valores asociados al machismo.

Sin importar que se trate de un equipo de fútbol, un grupo de amigos o una comunidad de aficionados a una actividad específica (jugadores de póker, practicantes de un deporte, aficionados a un estilo musical), con frecuencia se establece como criterio para participar ser de género masculino.

También, se reafirma la identidad masculina mediante prácticas, comentarios o chistes de tipo machista o sexista, justificados en un principio que subyace al grupo, aunque no sea explícito: «No son permitidas las mujeres».

Por consiguiente, el reglamento parece decir entre líneas, que cualquier forma de feminidad, debilidad, fragilidad o amaneramiento se castiga, no se perdona y si es muy grave la falta habrá expulsión del grupo. Además, siempre habrá en el grupo un Tobi, un «líder alfa» de la manada, dispuesto a hacer cumplir las normas y sancionar las faltas de quienes no las sigan.

El niño que no participa en juegos violentos, el adolescente que se niega a probar o experimentar con drogas, el hombre casado que prefiere estar con su familia a salir de copas, el adulto mayor que reprueba los comentarios morbosos sobre las mujeres jóvenes que hacen sus amigos, todos son de una u otra manera «raros» para la manada.

Posiblemente, también sea sospechosos de poca hombría, así que no es de extrañar que se murmure cuando llega al grupo, se generen burlas o comentarios sobre su virilidad, o se le margine debido a su actitud diferente a la del grupo.

Como en toda manada, podemos observar diversos roles que se ajustan a las características psicológicas de cada quien. Existe un «macho alfa» que determina qué hacer y cómo hacerlo. Es el hombre machista, de apariencia segura y actitud autosuficiente, que determina, por su estatus dentro de la manada, el conjunto de relaciones que se establece entre los miembros.

El seguidor es aquel personaje que puede parecer rudo y seguro, pero cuando se encuentra con su grupo de amigos, se pliega dócilmente a la «ley de la manada», siempre con el ánimo complaciente de ganar la aceptación y la admiración de ellos.

También, está el bufón, quien trata de congraciarse con el líder, pero que, a falta de fuerza, inteligencia o capacidad de conquista, como sí la tienen los demás, se convierte en el bromista o en objeto de burlas. El humor, especialmente si es sexista, racista o discriminatorio, será su recurso más usual para no ser excluido.

En la manada se confía para contar como hazaña las demostraciones de fuerza o astucia sobre otros hombres, más débiles o poco hábiles; también se pueden exagerar las destrezas de conquista y presumir de situaciones íntimas vividas, haciéndolas parecer más exitosas o admirables de lo que en verdad fueron, buscando los elogios y el respeto de la manada.

Es una característica común que la comunicación en la manada sea en tono de burla, irónica y retadora, para controlar que no haya quiebres o fisuras emocionales entre los participantes. Por eso, si alguno llegara a tener un asomo de sensibilidad o una perspectiva no machista, enseguida se prenderán las alarmas para rechazar de manera contundente la expresión inapropiada y para hacer un llamado al orden, es decir, «a la manera como deben ser las cosas entre machos».

Tampoco es confiable la manada para guardar secretos. Es común que los comentarios personales lleven a una superioridad competitiva por parte de los miembros, y que las historias de éxito reales, o exageradas, se vuelvan también la historia personal de otros miembros de la manada, que luego también las contarán como suyas.

El hombre que llega a su reunión semanal de la manada y se le ocurre comentar que su mujer le ha pedido que vuelva temprano porque al día siguiente madrugan a hacer mercado, es el pobre tipo que recibe una andanada de burlas y luego se despide sabiendo que sus amigos se quedarán comentando que a «él le faltan huevos» o que «no tiene los pantalones bien amarrados» y por eso ella es quien manda en la casa.

3. LA PAREJA MACHISTA

¿CÓMO ES UN HOMBRE MACHISTA EN PAREJA?

La relación de pareja es el mejor lugar para observar cuáles son las actitudes del hombre machista.

Generalmente, el hombre machista revela su juego, una vez supera la etapa del primer acercamiento y el enamoramiento con la posible pareja. Aunque, sin lugar a dudas, pueden darse algunas señales que delatan su frialdad calculada, al comienzo de la relación.

El hombre machista despliega, durante esas etapas iniciales, toda su capacidad de conquistador y seductor Por eso, es generoso en ofrecer lo que complazca a la mujer. Tener garantizada la atracción y la atención facilitan el acceso a niveles de mayor intimidad en la relación, de manera que pueda considerarse un «ganador» en términos de conquista.

De igual forma, si la mujer asume con naturalidad que el sexo es un intercambio en el que ella entrega su cuerpo para recibir afecto o dinero, el hombre machista le hará creer que está dispuesto a ese canje. Sin embargo, a diferencia de ella, para él no será importante tener un compromiso afectivo o emocional. No porque el hombre machista no se enamore, sino porque se niega la posibilidad de aceptar sus emociones para seguir manteniendo su independencia como individuo, fuera de la pareja.

Como el hombre machista considera que la mujer es su posesión, le hará creer inicialmente que él también le pertenece a ella. Entonces, los celos aparecerán como una muestra más de afecto dentro de la relación y por eso estará dispuesto a celar y a ser celado. Aunque el machista también exija exclusividad, de entrada, no está dispuesto a darla, aunque afirme lo contrario.

Para el hombre machista tiene mucha importancia sentir que está siendo suficientemente hombre —en el sexo, especialmente— para su pareja. Por esa razón, más que con cualquier otro aspecto emocional, es allí donde «marca su territorio» y espera tener señales frecuentes de que domina y satisface como ningún otro hombre.

Mientras haya buen sexo, cree él, no importa mucho cómo se sienta su pareja, porque en los momentos de encuentro íntimo puede comprobar que sigue teniendo el control al no ceder nada emocionalmente. Ella, por su parte, solo espera complacerlo para recibir alguna compensación afectiva, así sea poca. De esa manera, se complementan dentro del estereotipo de las relaciones románticas: ella ama y espera; él toma y huye.

El hombre machista se queda en la puerta de entrada al vínculo emocional, sin atreverse a cruzarla. Luego, con esa ventaja, comienza a tener comportamientos contrarios a los que inicialmente ofrecía como parte de la relación. En esta etapa, se hacen comunes las actitudes de egoísmo, maltrato, imposición, falta de comunicación y agresividad, que irán apareciendo como parte de una espiral que se fortalece con cada reclamo que le haga la mujer. No olvidemos que la sumisión y el silencio son las únicas reacciones que a él le gusta encontrar, ya que son las que satisfacen plenamente su deseo de dominación.

Machismo al desnudo

La mentalidad del hombre machista, formada en la negación de toda debilidad, hace que la comunicación de emociones —factor necesario para mantener el equilibrio en una relación— se vaya resquebrajando, hasta que finalmente se rompe y solo se mantiene el vínculo sexual como instrumento de control sobre la pareja.

En el fondo, el machista tiene un gran temor a involucrarse afectivamente porque ser emocional es algo que no tiene permitido por su formación como hombre en apariencia duro, inexpresivo e insensible. La idea de que las emociones y los sentimientos son asunto exclusivo de las mujeres lo hace reprimir cualquier forma de sensibilidad. Esto conlleva a que, cada vez que debe entregarse en afectos, se enfrente al dilema de comportarse como «todo un macho» o, por el contrario, permitirse la debilidad sentimental; totalmente opuesta a lo que ha venido determinando su carácter.

En general, la expectativa de pareja que inicialmente tiene el hombre machista es la de una mujer sumisa, que ojalá dependa de él emocional y físicamente, y a la que pueda manipular haciéndole creer que él la elige por motivos afectivos.

En realidad, él necesita de una mujer para sentirse en primer lugar un hombre completo, por lo que espera que ella lo complemente, realice funciones de cuidado, atención y servicio para él, los hijos y la casa, y así poder ocultar su propia incapacidad para valerse por sí mismo en la vida cotidiana.

Buena parte de las problemáticas que llevan a la ruptura de pareja y la desintegración familiar tiene su origen en el machismo. Aunque parezca difícil de creer, en este tiempo todavía persiste ese ideal de relación en muchos hombres y mujeres. A pesar de que hayamos avanzado en concederle a la mujer más espacios en la sociedad, todavía en la vida cotidiana, en las relaciones de pareja y en la formación de niños y niñas, seguimos alimentando el machismo y permitiendo que se convierta en una forma natural de relacionarnos entre géneros, sin importar el mucho daño que ocasiona.

¿CÓMO ES LA SEXUALIDAD DEL HOMBRE MACHISTA?

Un antiguo chiste machista del mundo hispano, contaba cómo un famoso actor de cine y torero había conquistado a una cantante muy bella, admirada y deseada por muchos hombres. Cuando terminó el acto sexual, el actor se levantó de prisa y se vistió sin más. La cantante, al verlo partir, le preguntó:

—¿A dónde vas?

—A contárselo a mis amigos, por supuesto.

De esa forma, egoísta y especialmente necesitada de aprobación de los otros hombres, el machista vive la sexualidad.

El cuerpo femenino no es más que uno de los trofeos con los que se premia el ego y se reafirma la capacidad de seducción y conquista, siempre esperando el reconocimiento de los demás para que la satisfacción sea plena. Ganar sin presumir no tiene ningún mérito para él.

El machismo también exige a los hombres mantener una constante actividad sexual como demostración de virilidad, puesto que alimenta la idea de que el deseo sexual masculino es permanente e incontenible. Esta creencia justifica que el hombre machista termine siendo un «coleccionista de mujeres», tenga muchos encuentros sexuales y hable más de la cuenta sobre su desempeño, solo para alimentar su ego.

Pero el machista también experimenta el sexo como una permanente contradicción: por una parte, se siente obligado a convertirse en una máquina del sexo y así demostrar su hombría para él mismo y para otros. Al mismo tiempo, debe ser estratégico en su forma de acercarse a las mujeres, si no quiere resultar evidente en sus intenciones. Por ese motivo, termina recurriendo muchas veces al engaño o la simulación para lograr una conquista exitosa. Son escasas las ocasiones en las que el hombre machista se puede permitir un acercamiento sincero, sin los artificios de la seducción.

Algunas creencias han motivado que el hombre machista vea con atractivo e interés sexual casi a cualquier mujer y no tenga inconveniente en pretender seducirla, pero también su asedio puede convertirse en acoso o incluso traspasar peligrosamente los límites del respeto para llegar al abuso y la violencia. Esto ocurre especialmente cuando no se tolera el rechazo y se asume que el «no como respuesta» es otra forma de aceptación.

El machista hace de la conquista su campo de juego. Para conseguir interesar a una mujer, puede hacer el mayor despliegue de diferentes tácticas como palabras aduladoras, comentarios inteligentes, sonrisas, invitaciones, contar sus historias de éxito, todo ello dispuesto para esa gran campaña en la que espera salir vencedor.

Una vez vencidos todos los obstáculos interpuestos para el acercamiento físico, el machista habrá logrado su objetivo principal, pero también en ese momento comienza a buscar la mejor forma de evadirse. Así siga de cuerpo presente, tiene las alertas de miedo y huida puestas, porque está entrando en una zona de riesgo para su invulnerabilidad: el terreno de las emociones. «El que siente, pierde» parece ser el principio que determina su retirada.

La capacidad de control del instinto sexual es una cualidad masculina que el machismo no conocía y por eso manifestar interés o atracción de forma cordial y respetuosa, resulta una práctica nueva para muchos hombres. Todavía hay quienes piensan que ese estilo agresivo de macho en cortejo funciona con cualquier mujer, sin tener en cuenta que para ellas puede resultar más atractivo el hombre que sabe conquistar sin agredir, sin violentar, de forma ingeniosa o simplemente divertida.

En las últimas décadas, los hombres hemos comprendido que la conquista de una pareja se hace mucho más fácil cuando ya se ha logrado la conquista de la propia voluntad, es decir, cuando se controlan los impulsos primarios y no se quiere solamente satisfacer el propio deseo. La seguridad en sí mismo, como autodominio y no como imposición, es percibida por las mujeres como señal de una masculinidad fortalecida, que resulta atractiva por tener dirección y ser confiable, y en consecuencia todo acercamiento encuentra una respuesta de mayor interés, deseo y entrega.

También, la insatisfacción femenina y su reclamo frente al egoísmo machista hace evidente que no es suficiente con mucho hablar y prometer solo para conseguir tener sexo. Si en la práctica solo se busca el propio placer y no se tiene en cuenta al otro, puede darse el encuentro íntimo, pero no dejará de ser un ejercicio físico sin emoción ni comunicación. Allí donde solo importan tamaños, medidas y duraciones para el placer individual, poco queda para la satisfacción de la pareja.

¿DEMUESTRA SUS SENTIMIENTOS, EL HOMBRE MACHISTA?

Uno de los reclamos más frecuentes por parte de las mujeres es la aparente insensibilidad masculina. Por supuesto, nada es más alejado de la realidad, y aunque los hombres tenemos, por lo general, actitudes de irresponsabilidad sexo-afectiva, vistas más de cerca, no son más que una manifestación de machismo que tienen su origen en la dificultad masculina para abrirnos emocionalmente a las relaciones.

Para el estereotipo machista, las relaciones no pueden ser sin una pose de dureza y frialdad con la que se pretende ocultar las emociones. Esconder que se encuentra satisfacción en sentirse atractivo, deseado o querido, hace parte de una estrategia defensiva en la que el encuentro amoroso-afectivo es un campo de batalla del que solo se puede salir victorioso si no se muestra debilidad.

Mientras su pareja está disfrutando los momentos y convirtiendo las emociones en memoria para afianzar el vínculo, el machista hace todo lo posible para no pasar de las sensaciones y así poder seguir teniendo el control de la situación. El machista se mantiene «invicto», no pierde nunca la seguridad y la fuerza que supone debe caracterizar su actitud masculina, para no correr el riesgo de mostrarse enamorado. Por eso, se abstiene de manifestar cualquier afecto fuera del terreno erótico-sexual, en el que ejerce su dominación física.

Después de conquistar una pareja, dentro del esquema tradicional machista, tiene una mayor importancia la aprobación de su masculinidad. Necesita sentirse fuerte, seguro, ganador. Por ese motivo, no es su anhelo entrar en el terreno de los sentimientos. No ha sido formado con el ideal de una pareja, una media naranja o un complemento emocional.

Él debe bastarse a sí mismo, por lo que abrirse a expresar sentimientos —se tengan o no— mostrar intenciones o proyectar algo diferente a la victoria personal de manera egoísta, es algo totalmente contrario a esa idea del guerrero que espera ver vencido y suplicante a su rival; nunca a ser él derrotado.

Mientras para una mujer el momento de intimidad es propicio para comunicar lo que siente y/o piensa, precisamente porque el intercambio acerca y vincula, para el hombre machista es este el momento cuando comienza a activarse la coraza de la insensibilidad mediante la cual evita mostrarse frágil o manipulable.

Para el hombre formado en el machismo resulta más fácil huir con la sensación interna del triunfo tras haber logrado la conquista y la rendición de su víctima... así sea considerado un cobarde por no haber continuado con la batalla amorosa. Sin embargo, para sí mismo se anota una victoria al no haber tenido que entregar nada a cambio de haber recibido todo lo que se proponía obtener: una más en su lista.

De esta forma, el hombre machista celebra aumentar el número de victorias, sentir la satisfacción personal de una conquista más para su ego y mantenerse desvinculado de la entrega emocional. Sin embargo, es muy común que luego descubra que perdió algo valioso, por la personalidad de ella, por cómo lo hacía sentir —aunque nunca se lo dijera— o por la posibilidad de proyectarse como pareja. Todo lo pierde por precipitarse a «tomar el botín» y sentirse vencedor, y si quiere recuperar la relación, ya es tarde.

Cuando los hombres logramos trascender ese egoísmo machista, podemos ser auténticos incluso desde el acercamiento inicial y en toda la etapa de conquista, porque no tenemos la urgencia de la posesión física —el deseo es asunto de los dos— y tampoco el temor a mostrarnos vulnerables.

Cuando estamos seguros de nosotros mismos, sabemos que es más lo que podemos lograr para mutuo beneficio al estar en igualdad de condiciones, con disposición común a dar y recibir en el intercambio afectivo. Sobre todo, podemos estar en una relación sin miedo a perder.

¿PUEDE EL MACHISTA SER FIEL?

Es común que un hombre sea infiel. Es más, pareciera que el estereotipo masculino tiene en esa característica, su mejor definición. Sin embargo, hay siempre algo dramático en ese hombre que ¿no pudo? ¿no quiso? mantener la exclusividad sexual con su pareja.

Sin ánimo de justificarlo, como hemos visto, son muchos los mensajes de motivación exterior que incentivan a tener siempre una actitud conquistadora en una sociedad machista. Pero, ¿acaso no conoce los límites y no sabe decir que no a situaciones que se lo exigen? Parece también reprochársele.

Si vemos los antecedentes, la capacidad de tener una sola pareja parece completamente contraria al machismo, que incentiva en los hombres actitudes de poco compromiso afectivo, frecuente conquista de mujeres y alto desempeño sexual, no solo dentro de la relación de pareja, sino en cualquier ocasión que se presente para demostrar hombría.

Nadie tiene más admiración masculina y deseo femenino que el hombre seductor. Hasta allí no parece haber inconveniente con su conducta. Entonces ¿por qué incomoda que no se detenga para complacer a una sola pareja, si está siendo muy hombre? ¿No era eso lo que esperaba de él?

El problema parece comenzar porque el machista exige de las mujeres comportamientos de fidelidad y compromiso utilizando la necesidad afectiva de ellas como elemento de chantaje. Si para ella es importante tener una pareja para sentirse realizada, para «sentirse mujer» (dentro del estereotipo), él ofrece cuidado y protección, pero oculta el derecho a burlar los acuerdos de pareja amparado en su condición de varón.

Aun cuando el machista se compromete exteriormente, también asume que para él sí es válido hacer excepciones o justificar su conducta en el mismo hecho de ser hombre. Por eso, es común que se excuse en no poder contenerse, en que son las mujeres quienes lo buscan y, en últimas, niegue y oculte hasta último momento que tiene otra relación, si es descubierto o confrontado por su infidelidad.

Pocas veces hay intención real de autocontrol frente a situaciones de infidelidad, porque tiene una mayor importancia para él su éxito personal, que el compromiso y los afectos de una relación.

La vanidad personal del hombre machista y la admiración que algunas veces quiere generar en otros hombres hacen que se convierta en un experto en ocultar evidencias de sus infidelidades. Incluso, puede llegar a mantener una doble vida por mucho tiempo, como sucede en muchas de las historias familiares que se descubren al cabo de los años.

La infidelidad del hombre machista está motivada por la necesidad de reafirmar su hombría de manera permanente, de repetir el esquema de la masculinidad tradicional. Y, por supuesto, trata a toda costa de no cuestionarse sobre el porqué de esa necesidad de demostrar a sí mismo y a otros que no ha dejado de ser muy varón, negándose rotundamente al hecho de que sus dudas tienen más que ver consigo mismo que con la relación que esté viviendo.

La desconexión emocional, base de sus acciones, hace que el hombre machista nunca exprese ni siquiera una inconformidad con su relación —a menos que sea frente al cumplimiento de los deberes que su pareja debe realizar—. Simplemente, está más interesado en la complacencia egoísta y en la satisfacción personal. Por eso, ocultar, engañar o mentir hace parte de su forma de relacionarse: «El problema no es tener una infidelidad, sino ser descubierto», parece decir el machismo.

Hacer parte de un entorno en el que los hombres actúan de esa misma forma, puede llevar a ver como naturales actitudes muy nocivas para cualquier relación. Con frecuencia, la infidelidad se convierte en uno más de los secretos de grupo, apoyado en la complicidad y el silencio de otros hombres, también machistas, que celebran sus prácticas de poco compromiso con la pareja y validan con admiración la estrategia del engaño y la satisfacción del deseo propio como astucia de género.

¿POR QUÉ EL MACHISTA NECESITA QUE LE RECONOZCAN SU HOMBRÍA?

Recuerdo uno de esos juegos que teníamos los hombres en la infancia, especialmente quienes pertenecimos a una generación anterior a la Internet, es decir, los que pasábamos tiempo libre jugando con los amigos en la calle o en los parques.

Era común que, en los juegos de varones, nos retáramos a demostrar la fuerza física y termináramos simulando peleas o lucha libre, incluso grupal, en el piso. No siempre había violencia, pero sí se imponía la fuerza para someter a otros. Una de las formas para demostrar ante el grupo que se había vencido al rival, era hacerle decir algo más que «me rindo», como comprobación de que era derrotado, pero también de que era humillado.

La frase podía ser «soy una nena», «soy un marica», «soy una loca», o algo que hiciera mucho más evidente que el derrotado había perdido toda su virilidad. Cualquier frase que fuese escogida, generalmente terminaba siendo gritada por el perdedor con tal de ser liberado del dolor.

Así aprendimos a ser machos, no solo conociendo el poder de la fuerza física, sino también el poder de la deshonra. Para un varón machista, parecer afeminado o ser homosexual era la peor humillación. De allí la necesidad de llevar a los rivales hasta el punto de perder su condición de varones.

Como esa lección, también recibimos luego muchas otras; unas de manera directa y otras indirectas, pero siempre con la intención de remarcar una norma que nunca se debía olvidar: para ser considerado todo un varón había que imponer a otros, sobre todo, la fuerza física. Quien se mostrará débil, frágil o sensible, podía ser considerado «poco hombre», «afeminado», «maricón». Y eso era algo que ningún «machito» iba a querer vivir.

Imaginemos lo que podría pasar con ese machito que creyó toda la vida el mito de la superioridad física de los hombres y el uso de la fuerza como única forma de exteriorizar la masculinidad. Sumemos a eso el hecho de que nada ni nadie que parezca en algún sentido inferior tendrá su respeto o será visto siquiera como igual.

¿Qué actitud podría tener ese hombre machista, años después, al enfrentarse, por ejemplo, a una situación en la que debe establecer acuerdos con una mujer? ¿Cómo podría afrontar la aparente debilidad en una pareja, sin pretender violentarla de alguna manera y someterla a una humillación constante?

Son numerosos los testimonios de cómo las relaciones con un hombre machista terminan convirtiéndose en conflictivas y tóxicas, cuando no en violentas y peligrosas.

Detrás de esa máscara del tipo rudo, se esconde el temor aprendido e interiorizado a no ser suficientemente macho, a no recibir el reconocimiento y el respeto por su fuerza, la cual representa su expresión «perfecta» de la masculinidad. Por eso, tampoco le será fácil aceptar la sensibilidad de su pareja o cualquier manifestación amorosa que ponga de presente algo que sencillamente no puede tolerar en sí mismo ni en otros: la debilidad.

Las lecciones de machismo recibidas durante toda una vida pueden salir a relucir en:

- Forma de agresividad, pasiva o activa,
- manipulación emocional,
- celos y posesividad,
- exceso de fuerza en sus palabras o actitudes y, por supuesto,
- explotar con violencia.

En materia emocional, el hombre machista actúa siempre en automático, a la defensiva, reaccionando ante cualquier emoción que no sabe cómo tramitar.

A menos que haya tomado conciencia de lo nocivas que son sus actitudes, el hombre machista prefiere justificarse en la provocación de ella, hacerse víctima y exigirle a ella que acepte la responsabilidad, que ojalá se disculpe. También, que se someta dócilmente a un nuevo castigo la próxima vez que su pareja lo provoque o que incumpla con lo que considera necesario como condición para que él no vuelva a tener que reaccionar de esa forma. ¿Recuerdan la humillación como castigo a la debilidad en el machismo?

Mauricio Suárez León

¿CÓMO ASUME LA RUPTURA AMOROSA UN HOMBRE MACHISTA?

Estar solo frente a sí mismo no es algo que fácilmente los hombres aprendamos a hacer. Pasamos tanto tiempo de nuestras vidas siendo cuidados, atendidos por nuestras mamás, primero, y luego por nuestras parejas, después, que cortar ese cordón umbilical nos cuesta, porque nos deja en el mismo desamparo que seguramente sentimos al nacer.

Por eso, es común que la primera decisión después de terminar una relación de pareja, haciendo buen uso de nuestro nivel más alto de inteligencia emocional y amor propio, sea evitar la soledad a cualquier costo. Por eso, buscamos pronto cualquier compañía, especialmente si es una mujer con quien podamos volver a sentirnos hombres, conquistadores, dominadores o simplemente otra vez podamos escondernos de nuestras emociones en la calidez de su sexo.

Si hay una prueba de fragilidad emocional masculina, es la poca tolerancia que tenemos a la soledad.

Está comprobado que nuestro umbral de dolor físico es bastante más reducido que el femenino, pero en el caso de una decepción amorosa, el asunto es verdaderamente crítico. No aguantamos nada, ni un día, según parece.

En un primer momento, quizás con el orgullo herido, el propósito de volver a tener pareja tiene que ver más con el hecho de sentir que esa experiencia frustrante en la que nuestras expectativas se ven truncadas, significa también —en los pensamientos más internos— una derrota a nuestra masculinidad, una especie de castración que duele más por ser al ego.

Nuestro gran temor de fallar como hombres se hace real en ese momento. Y así no haya sido nuestra responsabilidad el fracaso de la relación, nos azotamos con el látigo de la propia debilidad, la infaltable sombra que arrastramos siempre los hombres formados en el machismo.

Como si de una canción pegajosa se tratara, nos repetimos mentalmente las acusaciones propias del machismo aprendido:

—No fui lo suficientemente hombre para ella. —

—Seguramente encontró otro que puede darle más que yo. — Esto aplica desde cosas materiales, hasta sexo. Sobre todo, sexo.

—¿Cómo me pudo hacer eso a mí, si yo hice por ella lo que ningún hombre haría?—

Somos muy dramáticos, pero preferimos decir que son ellas las del drama.

Así que, conquistar a otra mujer para demostrarnos que todavía conservamos intacto nuestro atractivo y poder sexual se convierte en la única alternativa para no desmoronarnos por dentro. Torpemente, sometemos al cuerpo y la mente a una emoción que, lejos de calmar el dolor, se convierte en combustible para avivar la llama del apego. El dolor que quema por dentro…

Para apagar esa llama también podemos tener otra alternativa: agua, agua-ardiente. Ahogar las penas, decimos, pero nos encontramos con que las penas parecen saber nadar y el alcohol solo alivia temporalmente.

No en vano, las canciones de despecho expresan ese sentimiento que en los hombres surge mucho después, cuando ya es tarde, cuando la llamada para disculparse o reconciliarse es inoportuna —generalmente de madrugada y con tragos en la cabeza para tener valor—

Por eso, no es extraño que en bares y cantinas seamos los hombres quienes más nos embriagamos y cantamos con sentimiento **lo único que nos tiene permitido el machismo: el orgullo herido convertido en rabia.** El lamento acompañado de la maldición. La amenaza de justicia con mano propia, aunque la cobardía no nos haya ni siquiera permitido alguna vez hablar.

Con unas copas de más, la rabia se convierte en furia, que puede exteriorizarse con violencia hacia otros, cuando en realidad es contra nosotros mismos que se siente. También en impotencia, en autocompasión, y en últimas, en la temida fragilidad masculina, ahora sí visible y a flor de piel.

En un acto de masoquismo o de inconsciencia —equivalente a quien toma impulso para estrellar su humanidad contra una pared— volvemos a llamar o buscamos el amor perdido. Sin embargo, nos llevamos un golpe de indiferencia al encontrarnos con que halagos y promesas ya no tienen el efecto del dominio y control sobre su voluntad (la de ella), sobre su cuerpo (¡el de ella!). Quedamos confinados a ser sombra, a deambular carentes de sentido en busca de ese poder masculino perdido y la única forma que se nos ocurre para recuperarlo es lanzarnos contra otro muro, intentar ser el macho desprovisto de emociones y sentimientos en el encuentro con una nueva mujer.

«Un clavo saca a otro clavo», nos decimos. Y martillamos con fuerza para quedar enterrados en una aparente indolencia que puede durar el tiempo que toma cerrar la herida de nuestra masculinidad. Una herida que no nos permite expresar nuestras emociones o nuestra fragilidad y en la cual aprendemos a esconder el temor a estar solos.

Pocos hombres se permiten darse un tiempo para hacer el duelo, pero ¿qué pasaría si alguno decidiera hacerlo? Quizás ese sentimiento de liberación que mueve a salir de nuevo con los amigos para divertirse y hacer nuevas conquistas sería reemplazado por momentos de soledad para el aprendizaje y la aceptación del pasado, de tránsito hacia nuevas y más gozosas experiencias.

Cuando nos permitimos aceptar la pérdida, hay menos posibilidades de caer en conductas autodestructivas (alcohol, drogas, promiscuidad, etc.), que pueden llevar al deterioro en la salud física y mental. También, a evitar la desconexión emocional que lleva a muchos hombres a prolongar indefinidamente el dolor de una pérdida amorosa por años.

El estereotipo del despecho, asociado a canciones de venganza y traición, es ante todo masculino. Incluso, en la cultura popular se llega a asociar al hombre que se embriaga, pelea o atenta contra su propia vida con las penas sentimentales. Victimizarse desde el orgullo herido es la forma más común de negarse a cerrar la herida del machismo y continuar aferrado al dolor, sin aceptar la responsabilidad sobre las propias emociones.

4. SUPERANDO EL MACHISMO

¿CÓMO DESINTOXICARSE DEL MACHISMO?

El machista es, ante todo, un adicto a la aprobación de su masculinidad «tóxica». Probablemente, la misma celebración que su familia hacía de sus actuaciones y que le permitía ir más allá de sus límites, por el solo hecho de ser hombre, la encuentra después reforzada en la admiración del grupo de amigos. ¿Por qué? Porque es mucho más sencillo sentirse cómodo en la complicidad y el silencio de otros hombres machistas, que también persiguen ser aceptados y admirados por una falsa idea de superioridad sobre los demás.

El éxito material a cualquier precio, el número de conquistas sexuales, la astucia para engañar a otros —y muchos más objetivos que persigue el hombre machista— tienen como motivación íntima la necesidad de comprobarse a sí mismo que es suficientemente hombre. Nada tiene que ver esto con su orientación sexual, sino con tener un único parámetro que conoce para medir su hombría: la aprobación de otros.

No podemos olvidar que el machismo, como todo sistema de prácticas, solo tiene reglas que se cumplen sin reflexionar sobre ellas y no tiene ideas que lo sustenten (nadie se hace partidario de un movimiento machista, porque tal cosa no existe como ideología).

El machismo solo exige que los hombres sean eso, «machos» como un total de lo masculino, en contraposición a lo que representan «las hembras», que representan lo femenino. Por lo tanto, deben demostrar de forma permanente que son lo primero negando que puedan ser lo segundo, para que nadie lo ponga en duda.

Por eso, nada ofende más la masculinidad de otro hombre que ponerla en duda. Retarlo a que demuestre que sí es cierto lo que resulta evidente, su condición de hombre, es la forma como la cultura machista exige que se compruebe que está cumpliendo sus mandatos, que sigue siendo «todo un varón».

—¿Se cree muy machito? ¡Pues demuéstrelo!—

Hasta hace un tiempo, era motivo de admiración que un hombre tuviera muchas mujeres e incluso, en algunas sociedades, que tuviera muchos hijos. Hoy en día, no podría considerarse menos que una irresponsabilidad. De igual manera, los hombres están llamados a colaborar en los oficios domésticos, y cada vez más hemos tenido que involucrarnos también en la crianza hasta llegar a asumir las tareas del hogar a tiempo completo, si las condiciones familiares lo exigen, ser un amo de casa.

El cambio de roles ha permitido a muchos hombres machistas comenzar a apartarse de ese estereotipo y abrirse a la posibilidad de reconocer que se puede seguir siendo hombre, incluso muy hombre, cuidando de otros, sin necesidad de utilizar la fuerza o la violencia en las relaciones con los demás. También se pueden tener pasiones y sentir emociones sin que esté la voz de la conciencia repitiendo su parloteo machista de la infancia.

El reto está en comenzar por cambiar hábitos que resultan incómodos o no satisfacen, por tener una personalidad contraria a ellos. Por ejemplo, si alguien tiene hijas o mujeres en su familia a las que quiere mucho, de seguro no le agradaría que ellas fueran acosadas o irrespetadas por otros hombres en la calle o en el transporte público. ¿Entonces por qué no comenzar por dejar de hacerlo, si se tiene como una práctica frecuente con otras mujeres?

Otro pequeño cambio que siempre podemos hacer es no celebrar ni apoyar comentarios, chistes y opiniones que sean intencionalmente machistas o que agredan la dignidad de las mujeres. No hace falta discutir o polemizar, solo con permanecer en silencio demostramos que no compartimos esa postura frente a las relaciones de género. La persona entenderá y seguramente tendrá un mayor cuidado la próxima vez.

De igual manera, muchos hombres agobiados por las presiones económicas o la competencia feroz por tener más para mantener conformes a otros, podrían preguntarse:

¿Por qué lo hago?
¿Estoy esperando la aprobación de quién? ¿De la pareja, los amigos, la familia?

Quizás la vieja fórmula aprendida de ser fuerte, trabajar duro, no expresar emociones y evitar pedir ayuda, ya no resulten tan adecuadas para el hombre machista y comience a inquietarse, a tener un malestar, una especie de desánimo frente a su rol tradicional. Ser el proveedor, no quejarse y mantener una doble vida puede al final de cuentas no ser tan beneficioso, generar insatisfacción y frustración permanentes. A muchos hombres les sucede, pero ni siquiera dan lugar a la pregunta ¿Qué me está pasando? o ¿Por qué me siento así?

Hacerse las preguntas adecuadas puede ser el comienzo de una transformación en el hombre machista, que le permita revisar algunas de sus creencias sobre su propio rol como hombre y la forma en la que dirige su vida. Muchos de estos hombres, solo cuando pasan por una ruptura emocional, pierden su trabajo, se deteriora su salud o sufren una quiebra económica, comienzan a plantearse la posibilidad de cambio y una revisión seria y profunda de sus creencias y actitudes.

En otros casos, son sus parejas o sus hijos, si los tienen, quienes los llevan a cuestionarse algún aspecto que esté afectando la relación con ellos. La mujer que no solo acepta con pasividad sus condiciones desfavorables, sino que también le hace ver al machista las consecuencias que genera para la vida personal o el entorno familiar, mantener posturas arcaicas abre la posibilidad de un cambio. ¿Qué tal si con más autonomía de la mujer también viene la transformación de la vida personal de su pareja?

De igual manera, la vivencia de la paternidad ha significado para muchos hombres la oportunidad de superar los viejos modelos con los que fueron educados por sus padres. Reconocerse como hijo de otro hombre machista, impulsa a no seguir repitiendo ese modelo con sus hijos, a liberarse de la pesada carga que significa vivir sin permitirse sentir o expresar el afecto a sus seres queridos; haber tenido un padre ausente, maltratador o con malos ejemplos, anima a muchos hombres machistas a decidir no ser con sus hijos como fueron sus padres con ellos.

Para los hombres que han sentido la dureza del machismo en su contra, puede significar un alivio no tener que representar ese papel que caracteriza a la masculinidad tradicional:

- pensar que son otros y no él mismo quien determina su valor como hombre,
- entender que su hombría no está en los bíceps o el abdomen marcado
- y dejar de creer que su desempeño sexual o el éxito económico y profesional son su única definición como hombre, por más importancia que tengan para nuestra sociedad.

Todas estas son ideas que generan tranquilidad y permiten aceptación de sí mismo.

De la misma forma que el machismo se reproduce en las situaciones comunes de la vida diaria, podemos superarlo reconociendo su presencia en muchas de las actitudes y hábitos que tenemos sin ninguna conciencia, porque así aprendimos de otros o porque siempre hemos creído que eran la actitud adecuada. Si esto nos genera molestia, malestar o conflicto, entonces debemos comenzar por revisarlo. Si está en nosotros la posibilidad de cambiar, podemos comenzar por hacerlo.

Suena obvio, pero creo que es la acción que podemos realizar en la cotidianidad para avanzar hacia nuevas formas de ser hombres.

El diálogo con las personas más directamente afectadas —padres, pareja, hijos o demás familiares— puede ayudar a encontrar si es el machismo lo que nos está llevando a esa conducta dañina en las relaciones con los demás. Si la situación ha generado abuso o violencia hacia otros, es conveniente buscar ayuda profesional para que tenga un manejo adecuado.

Cuando los hombres reconocemos que ese modelo machista, fuera de privilegiarnos con derechos egoístas, también impacta nuestra propia vida, podremos más fácilmente comenzar a identificar y transformar esas actitudes que están afectando principalmente a las mujeres, pero que generan también malestar en nosotros.

Aunque no seamos siempre los protagonistas directos de esas actitudes, sí las reforzamos actuando con indiferencia o asumiendo una victimización que trata de evadir la responsabilidad frente a los cambios que también podemos generar.

Respuestas como «a los hombres también nos pegan y nos matan», «¿y para cuándo el día del hombre?», «¿por qué se enfadan por un piropo, si es normal?», «los hijos están mejor es con las madres», solo demuestran egoísmo e incapacidad de ponernos en el lugar del otro (falta de empatía); uno de los rasgos que mejor definen al machismo.

Cuando somos capaces de ver y reconocer las consecuencias negativas que ha traído el machismo, y sobre todo las escasas posibilidades de felicidad, realización y bienestar que puede representar para la sociedad en su conjunto, deja de tener sentido reproducir sus mandatos en automático.

Frente a la alternativa de pagar un precio alto por disfrutar de los privilegios individuales del machismo tradicional, algunos hombres estamos reflexionando sobre su validez en este tiempo. Hemos comenzado por hacernos preguntas sobre el sentido que tiene el modelo «tradicional» de masculinidad, cuando tantos efectos nocivos siguen generando para todos. ¿Podemos ser y realizarnos como hombres sin convertirnos en nuestro principal obstáculo para ser felices?

¿CUÁLES SON LOS MANDATOS DEL MACHISMO QUE DEBEMOS SUPERAR?

El machismo es igual a un padre moribundo, y como siempre que estamos frente a la presencia de la inevitable muerte, muchos hombres todavía se resisten a aceptar que ya no escucharán más su imponente voz de trueno, exigiendo que nos comportemos como él dice.

El machismo pide que imitemos sus actitudes y repitamos sin ninguna reflexión muchos de sus vicios. No importa qué tan nocivos sean para nosotros, no importa que intoxiquen las relaciones y nos lleven a convertirnos en el incómodo elemento que detiene la transformación de la sociedad.

El testamento del viejo machismo promete mantener poder, control y fuerza como privilegio exclusivo de quienes quieran imitarlo, que es la única forma en la que se mantendría vivo. Quiere seguir siendo el patriarca venerado por generaciones, aunque medio mundo lo aborrezca por su desprecio hacia todo ser que no sea él mismo.

El machismo es detestado por su forma déspota de tratar a las mujeres, por sus actitudes abusivas hacia sus propios hijos, por el maltrato hacia otras especies y por sembrar el terror mediante su depredación y destrucción en la naturaleza.

El machismo es un ser antipático que se niega a marcharse porque sus herederos todavía no nos despedimos de él y le damos nuevos aires cada vez que nos subimos de hombros o fingimos que nuestra actitud no es machista, que tenemos una excusa, una justificación o una explicación muy lógica para seguirlo fortaleciendo.

Si nos fijamos en el inventario de lo que nos quiere dejar, encontramos que el viejo machismo moribundo quisiera que cargáramos con lemas como estos que nos han hecho infelices y han frustrado muchas de nuestras aspiraciones en la vida. Nos hemos convertido en machos a su imagen y semejanza, pero somos sus imperfectos imitadores porque nunca estamos a su nivel:

Si no eres el proveedor único, si no puedes sostener tú solo a tu familia y satisfacer hasta el más mínimo deseo de una mujer, no eres hombre.

Si no eres mujeriego, es decir, coleccionista de mujeres que solo haces tuyas mientras las posees sexualmente, convirtiéndolas en un simple trofeo para tu vanidad personal, entonces no eres hombre.

No importa cuántas mujeres hayas tenido, necesitas seguir seduciendo, acosando, abusando si es necesario, hasta cuando ya no puedas más y hayas dejado de ser un hombre. Hasta que hayas agotado toda tu energía sexual y seas viejo para lograr mantener la cabeza en alto. Entonces serás inservible sexualmente, es decir, ya no serás más un hombre.

Si no gritas en tu casa y dices «aquí se hace lo que diga yo»; si no gritas para recordar que tú tienes la razón y que así se la impones a quien no te escucha; si no gritas a quien te mira, a quien te habla, a quien te reta, a quien se atreva a dudar de tu virilidad, a quien se interponga en tu camino, a quien tome algo tuyo, a quien tiene lo que tú quisieras, entonces «no eres hombre».

Si no te dañas a ti mismo, en tu rabia e impotencia, si le lanzas un puño a la pared de la vida, si te deprimes, te emborrachas, te evades con drogas, pones en riesgo tu vida o te suicidas tratando de demostrar lo que tú todavía no acabas de comprobar, que eres todo un hombre, solo te estarás comprobando a ti mismo lo poco hombre que eres, lo mucho que dudas de tu virilidad.

Y así sigue la lista.

Machismo al desnudo

Si no explotas con ira, si no callas tus emociones, si no aceptas la humillación y acumulas resentimiento para después vengarte, si no escondes los afectos y la sinceridad, si no abusas de tu poder y tu fuerza con indiferencia para demostrar quién eres, entonces no eres hombre.

Si no ignoras a los demás, si no niegas responsabilidad sobre tus palabras, tus actos, tus decisiones y hasta de los propios hijos que engendras, entonces no eres tan hombre, todavía te falta fallar y dudar un poco más de ti.

Si no celas a tu pareja, si no manipulas sus sentimientos y te victimizas, si no le recuerdas con violencia que ella es tu propiedad, si no la retienes con la amenaza de que una próxima vez serás todavía mucho más implacable, que serías capaz hasta de matarla, entonces no eres suficientemente hombre.

Solo te queda utilizar «el arma» que tienes entre las piernas para demostrar que eres hombre, pero aun venciendo y dominando, estarás sintiéndote derrotado porque solo en esa pequeña parte de ti estará tu hombría y ni siquiera eres capaz de controlarla. Tu hombría se mide en centímetros y siempre habrá alguien más hombre que tú. ¡Queda decretado!

Si no exageras tus éxitos y ocultas tus fracasos; si solo compites y no disfrutas del triunfo hasta no ver humillado a tu rival, si necesitas perder la conciencia para abrazar a un amigo o a un hermano, si solo celebras los comentarios y chistes machistas o sexistas para seguir teniendo amigos que te digan que eres todo un varón, un hombre de verdad, no una débil criatura.

Si no confías ni en tu sombra porque tú mismo no le das lealtad a nada ni a nadie, si solo tienes palabras de burla y menosprecio con las satisfacciones y realizaciones de otros porque tú tampoco has escuchado algo diferente, entonces no serás completamente un macho, es decir, un ser egoísta, inexpresivo, agresivo, irrespetuoso, insoportable, hasta para ti mismo. Serás un hombre solo. ¡Pero todo un hombre!

El tiempo se acaba para el viejo machismo moribundo, y viendo su herencia y escuchando cómo sigue —ya sin fuerza— balbuceando sus mandatos, uno se pregunta: ¿será que alguien quiere seguir cargando con el peso de ser hombre de esa forma, convirtiendo la vida en una mala copia del estereotipo machista que nos deja este mal padre?

¿Y SI COMUNICAMOS NUESTRAS EMOCIONES?

A los hombres nos han hecho creer que hay algo extraño o sospechoso al hablar con otros hombres de cómo nos sentimos. El machismo nos exigía pactos de silencio, pero solo para encubrir con complicidad los actos de abuso, agresión, engaño y traición como si fueran grandes logros colectivos, dignos de admirar por parte de los demás hombres. Pero hablar de cómo nos sentimos, ¿no es eso debilidad?

La vieja creencia en la insensibilidad masculina nos ha convertido en seres demasiado reservados sobre nuestras emociones. Seres que terminamos estando incomunicados hacia lo externo, solitarios en la experiencia de la vida, sin darnos cuenta que muchos —especialmente otros hombres— podrían entendernos, ponerse en nuestros zapatos, escucharnos y hasta mostrarnos un punto de vista diferente, que nos pueda ayudar a resolver o por lo menos entender mejor la circunstancia que estemos afrontando.

Nada nos hace más daño que encerrarnos en nuestros pensamientos y creer que expresar una preocupación, pedir ayuda o compartir una situación angustiosa nos hace vulnerables o nos expone al ataque de otros.

En cuanto logremos cambiar actitudes y vencer prejuicios machistas entre hombres, podremos ir descubriendo que, así como mantenemos una comunicación fluida sobre cualquier tema de actualidad o sobre el deporte que nos apasiona, también abriremos espacios para hablar de situaciones más personales, sin sentir que esté en entredicho la masculinidad, la orientación sexual o la seguridad en sí mismo.

Tener dudas o temores frente a una circunstancia de la vida que no se ha vivido es absolutamente normal para los seres humanos. Encontrar escucha y atención entre pares parece cada vez más común en los hombres, especialmente en aquellos que superan el afán competitivo y de rivalidad que tradicionalmente se establecía como forma de interacción. En la actualidad, se están abriendo más espacios para escuchar con empatía, dar consejo solo si se pide y no querer demostrar superioridad o menosprecio hacia quien lo solicita.

El sentido de hermandad que se genera entre hombres por compartir gustos y aficiones podemos trasladarlo hacia la vida cotidiana para lograr una comunicación menos agresiva, mucho más fraternal y cálida, pero sobre todo encontrando en esa capacidad práctica de los hombres para ver de manera simple lo complejo, una alternativa de solución o manejo para lo que podría ser de otra manera un drama.

Hablar con frescura y naturalidad de nosotros mismos nos puede llevar a reducir esa tendencia de los hombres en este tiempo a resolver situaciones muchas veces con violencia hacia otros. Violencia que otras veces dirigimos hacia nosotros mismos ante las dificultades y problemas que creemos se escapan de nuestras manos. Como hemos establecido anteriormente, para el hombre machista el control lo es todo, y verse sin dicho control es el punto de quiebre de «su realidad».

¿Cuántos casos de depresión, suicidio y asesinato podrían evitarse solamente con descargarnos hablando sobre cómo nos sentimos? Hay situaciones en las que, más allá de evadirnos con alguna adicción o consumo, podemos sencillamente hablar de ellas y reconocer, con sorpresa, que también a otros les sucedió, que pueden compartirnos su experiencia o simplemente ayudarnos a ver los hechos con otros ojos.

Para algunos hombres, su pareja es su única confidente y allí se refugian cuando se sienten afectados por alguna circunstancia. Sin embargo, aunque hace parte del vínculo afectivo tener la confianza para hablarlo todo, también hay temas en los que no se quiere involucrar a las personas que amamos para no afectarlas, temas en los que quisiéramos encontrar pares con quién poder hablar.

¿Qué tal si probamos a quitarnos «la maricada» de creer que nos están comenzando a gustar los varones o vamos a cambiar de sexo, solo por comunicarnos emocionalmente con otros hombres?

El sentido de hermandad y el haber pasado por situaciones similares nos acerca. El afán por competir, por ganar y por no dejarse vencer de otros nos aleja, nos distancia de la posibilidad de una comunicación más comprensiva.

¿MASCULINIDAD FRÁGIL?

Nos hemos acostumbrado a considerar incuestionable nuestra capacidad de ser hombres. El temor con el que nos formamos de ser acusados de «nena», «débil», «frágil», o peor aún, «maricón», nos ha llevado a un estado de permanente paranoia en la que a toda costa queremos evitar la mínima sospecha de que tenemos una inseguridad, una duda o un temor.

Es realmente patético vernos incapacitados para pedir orientación si no encontramos una dirección y ni qué decir de la simple comunicación entre hombres: nos cuesta tratar con afecto a otro porque dudamos de ser tomados como viriles, sacrificando así las posibilidades de la calidez y la confianza con amigos, familiares y/o compañeros de trabajo.

La distancia emocional y corporal que marcamos hace que hasta el mismo gesto del beso con los hijos o el abrazo de apoyo sean vistos con cierta zozobra, como si aquello condujera a una pérdida de masculinidad o fuera el indicio de una tendencia homosexual (que el hombre machista rechaza con ahínco). Así de frágil llega a ser nuestra masculinidad.

Las mujeres nos han dado un ejemplo de cómo la proximidad física, afectiva o la que se da a través del lenguaje, permite relaciones entre iguales mucho más solidarias y, por el contrario, reafirman la seguridad en uno mismo y en el otro.

Nada hace más seguro a un hijo varón que el afecto expresado por su padre, porque seguramente esa confianza en sí mismo y esa identificación de los afectos con la expresión corporal, la llevará también a su relación con hombres y con mujeres, sin temor a que se cuestione su orientación sexual, como una característica de su personalidad.

De igual manera, su atractivo para el sexo femenino aumentará, porque nada atrae más que la seguridad en sí mismo, y de esa tiene mucho el hombre que es capaz de expresar intereses, afectos o emociones sin estar dudando de su masculinidad.

¿QUÉ HACE A UN «MACHO» REFLEXIONAR SOBRE SU MASCULINIDAD?

Si aprender y desaprender son habilidades humanas, transformar y transformarse también lo son, por eso podemos desarrollarlas. Ser varón, únicamente por definición sexual, no nos permite avanzar en ese propósito. Debemos reflexionar sobre los hábitos que necesitamos cambiar y comenzar por aquellos que sean mayormente nocivos para nuestra vida.

Para el modelo tradicional de masculinidad, básicamente ser hombre es no ser mujer, de manera que los hombres construimos nuestra identidad a partir de no ser femeninos, en oposición permanente a lo femenino y con terror a ser feminizados.

Por eso, así como asumimos que la forma de comportarnos, movernos, hablar o de relacionarnos es la que nos hace hombres, a diferencia de las mujeres, de la misma manera asumimos que ocuparnos de la masculinidad o preguntarnos por el sentido de ella nos podría hacer parecer femeninos.

«Nací hombre y no tengo nada que me preocupe de eso» es la respuesta más común frente a cualquier cuestionamiento, porque se considera que preguntarnos por la identidad de género es igual a poner en tela de juicio nuestra orientación sexual bien sea heterosexual, homosexual, bisexual, etc.

La buena noticia para los hombres machistas (que todos lo somos en mayor o menor grado) es que una cosa no tiene relación directa con la otra. Nadie nos quiere cambiar los gustos o preferencias sexuales; por el contrario, hacernos conscientes de dónde viene y cómo asumimos la masculinidad, solo nos ayuda a no quedarnos haciendo un triste papel, un simple rol, como es el machismo.

La otra buena noticia es que los hombres tenemos la posibilidad de escoger las características de nuestra forma de ser hombres y no una sola forma como lo ha querido imponer el machismo, sin que por eso se vea cuestionada nuestra hombría.

La manera en la que cada hombre elige, vive, expresa y siente su condición masculina, puede ser personal siempre y cuando no se limite a quedarse tratando de mantener una identidad con el estereotipo machista, cada vez más nocivo para él, peligroso para las mujeres y fuera de época para toda la sociedad.

Como se ha dicho antes, el machismo se impone como único modelo de hombre restringiendo el desarrollo y construcción de la personalidad, y establece unos valores únicos como característica de la masculinidad: fuerza física, éxito económico, invulnerabilidad, conquista y dominación de la mujer.

Y en vista de que no se conforma con poco, el machismo también nos exige demostraciones todos los días, durante toda la vida, de que somos suficientemente hombres. De manera casi caricaturesca, nos hace sentir como si no fuera suficiente con haber nacido con las características biológicas y sexuales de la virilidad, sino que nos trabaja y controla mentalmente, haciéndonos dudar de nuestro propio valor como hombres, si no lo estamos demostrando, exhibiendo o imponiendo.

Ese esquema con el que asumimos la masculinidad se ha impuesto en nuestra sociedad como un mandato que nos lleva a creencias y prácticas cotidianas que no siempre están en concordancia con nuestra personalidad, y que la mayoría de las veces resultan violentas y agresivas para mujeres, niños/as y personas diferentes o vulnerables, porque es en contra de ellas que más fácilmente podemos demostrar nuestra fuerza.

Convertirse en hombre no es un proceso acabado en el que pueda afirmarse en algún momento de la vida que ya se finalizó el aprendizaje. Tampoco hay un estado final ni un punto culminante en el que se pueda llegar a afirmar que ya no se es machista, porque al ser un proceso cultural es progresivo. Continúa durante toda la vida y en cada etapa del ciclo vital presenta nuevos retos y exigencias personales.

Así como hemos aprendido a ser hombres y mujeres, de igual manera podemos desaprender, porque esa capacidad está en cualquier ser humano, si tiene voluntad de hacerlo…

Cuando vemos lo mucho que el machismo nos ha afectado a todos, comprendemos que todos tenemos algún nivel de compromiso y responsabilidad en que se mantenga o se transforme esa manera «tóxica» de ser hombres y de relacionarnos con la diferencia. Pero sin duda alguna, somos los hombres los que más podemos cambiar.

Mauricio Suárez León

¿CÓMO DESAPRENDER A SER UN MACHO?

No hace mucho tiempo una madre fue a quejarse al colegio de su hijo porque le habían dado una charla sobre *masculinidades*. La señora no podía entender por qué debían hablarle a un varón sobre ese tema si estaba claro que había nacido hombre y no había ninguna otra cosa que agregar al respecto.

—¿O es que me lo quieren volver homosexual?— había dicho.

Muchos hombres que fuimos educados con esa misma lógica (reafirmada por familias machistas, educación y entorno social tradicionales) nos encontramos, a pesar de haber tenido en muchos casos una formación superior y unas posibilidades de reflexión sobre nuestra propia condición bastante amplia, justificando el machismo de la misma manera.

La falta de otras formas de masculinidad nos ha hecho creer que solo se puede ser hombre siguiendo el estereotipo del macho. Es así, como para el macho tradicional cualquier otra forma de individualidad o pensamiento crítico sobre el rol masculino o la condición misma de ser hombre no es más que un tema de feministas que les quieren amargar la vida, convirtiéndolos en culpables de cosas que jamás han hecho (ningún hombre, por regla general se considera machista) o un argumento rebuscado de tipos «raros» que deben tener algún problema con su identidad sexual, con lo cual no hay más que evitar ese tema o ponerse más bien a la defensiva frente a él.

Machismo al desnudo

Es más bien escasa la reflexión que circula acerca de las masculinidades, porque se ha asumido que no hay una problemática real en torno a nosotros los hombres. ¿Cuál es el problema? Somos violentos porque somos hombres; somos acosadores porque somos hombres; somos competitivos porque somos hombres; somos «machos» porque eso es ser muy hombre.

La respuesta típica en este caso podría ser «no tengo nada que cuestionarme porque yo estoy bien siendo así». Y claro, en la medida en que hemos asumido esa única forma de masculinidad, no podemos tener distancia para darnos cuenta de cuántas cosas contrarias a nuestra voluntad e incluso a nuestra integridad terminamos haciendo a lo largo de la vida, solo para validar y justificar la hombría.

Seguramente, en algún momento participamos o aprobamos alguna golpiza a alguien más débil o diferente solo para ganar aceptación entre nuestros compañeros de colegio. Mientras nos hacíamos mayores, quizás probamos los límites de lo que se nos permitía simplemente por ser hombres: bebimos o consumimos drogas inicialmente como prueba de hombría, pero luego fuimos más allá para demostrar que éramos más varones que otros.

Probablemente, también sobrepasamos las fronteras de algún cuerpo femenino; miramos con morbo, tocamos, acosamos y/o hasta abusamos de alguna mujer porque iba sola, porque estaba ebria, porque estaba enamorada, era inexperta o era alguien que podía temer a nuestra condición de superioridad o de poder, así que, como «machos», sencillamente nos aprovechamos de su vulnerabilidad.

Podemos justificar cada situación y señalar como causante al otro e incluso ponernos en el lugar de víctima. Pero, como el machismo no da tregua y escala sus exigencias a medida que avanzamos en la vida, con frecuencia nos encontrarnos el amigo que no para de beber y que frustra su vida personal, porque es la única forma en la que logra abrirse emocionalmente y expresar sus problemas y preocupaciones como hombre… aunque nunca las resuelva.

Probablemente, conozcamos el caso de una situación cercana de aquel hombre que es un «as» para los negocios, el más hábil para hacer dinero y el mejor en su labor, pero que necesita demostrase a sí mismo lo muy hombre que es (así tenga una pareja, vaya por el tercer matrimonio y tenga hijos conocidos o desconocidos).

Como cree que tiene el derecho —porque para eso trabaja—, se gasta incluso lo que no tiene, en mujeres. Así, hasta que no logre una nueva conquista, la seduzca con regalos y la adquiera como amante, no va a estar satisfecho.

Ese hombre salta de una relación a otra, de una conquista a otra, tratando de ¡por fin! convencerse de que es muy hombre, hasta que tenga la seguridad de que lo es y el autocontrol para detenerse en su inútil competencia por ser el que más mujeres ha tenido —¿Más que quién? ¿Las ha «tenido» o solo se han utilizado mutuamente?—.

Un hombre así es visto como el inseguro o necesitado que solo busca reafirmar su capacidad de conquista y alimentar su ego personal, y por eso mismo no logra mantener una pareja a su lado. Y es que por el afán de acumular conquistas, termina asumiendo una actitud de acoso permanente, que es interpretada por las mujeres como urgencia o necesidad y, más que halagarlas o estimularlas, las incomoda o incluso las violenta.

La responsabilidad sexo-afectiva no implica grandes sacrificios si se actúa desde una masculinidad amorosa, en la que no se hace al otro lo que uno no está dispuesto a aceptar para sí mismo y en la que no se exige del otro lo que no se estaría dispuesto a dar.

Los hombres podemos elegir si tener un criterio para decidir o no una relación, y no solamente obedecer a un impulso o a una «oportunidad» de contacto sexual —que incluso existe en la imaginación y no corresponde a señales reales de atracción correspondidas—.

Una masculinidad amorosa entonces puede ser selectiva y, al igual que ellas lo hacen, los hombres podemos establecer criterios de selección y elección de una pareja más allá de las cualidades físicas, dándole un verdadero valor a las cualidades que una persona refleja a través de su personalidad y sentimientos. De esta manera, lo que nos acerca o nos aleja de una relación deja de ser un impulso pasajero para reconocer, de una forma más certera, la importancia que les dimos a esas características al elegir a nuestra pareja.

Elegir, cuidar y conservar también son actitudes que podemos tener los hombres cuando estamos interesados en nuestro equilibrio emocional y nos salimos de esa ruleta rusa en la que convertimos las relaciones superficiales. Esas que solo parecen ofrecer la alternativa de vencer (seducir) o morir (enamorarse), como las concibe el machismo.

¿PUEDE EL MACHO DEJAR DE SERLO SIN SENTIRSE MENOS HOMBRE?

El estereotipo masculino en este tiempo sigue consistiendo en ser hombres trabajadores, proveedores, exitosos en lo económico y con un gran número de mujeres que validen la masculinidad, a pesar de las transformaciones en las relaciones sociales y el surgimiento de nuevos modelos culturales divulgados y conocidos con más fuerza en la era digital.

Lamentablemente, los hombres parecemos no estar muy dispuestos al cambio, a revisarnos o a hacer de nosotros algo diferente. Seguimos siendo formados por la misma cultura machista tradicional reproducida en diferentes espacios sociales y culturales, con la diferencia de que ahora contamos con una mayor flexibilidad en las definiciones de la masculinidad y una menor imposición de una única manera de ser hombres.

Ser heterosexual, encontrar a una mujer que los cuide o formar una familia dejaron de ser la única norma para los hombres y ahora encontramos formas diversas de orientación sexual y de vivir el amor y la familia. No podemos dejar a un lado los otros roles en la realización profesional y formas de trabajo masculino que generan mucha informalidad y poca estabilidad, lo que también dificulta asumir la responsabilidad económica como único proveedor de la familia.

En esa transformación social, los hombres también debemos reconocer la independencia y autonomía económica de las mujeres, así como las nuevas formas de organización familiar:

- Los solteros,
- las parejas que no conviven,
- las parejas que conviven con sus padres, pero sin hijos,
- las parejas con mascotas como hijos,
- las parejas que, manteniéndose unidas, no conviven y tienen hijos que reparten su convivencia entre uno y otro padre,
- familias con hijos de uniones anteriores, entre otros tantos nuevos modelos familiares.

Estas nuevas condiciones de vida nos deberían significar, especialmente a los hombres, una redefinición del rol tradicional masculino, del hombre protector y fuerte, pero ha resultado mucho más conveniente, según parece, mantenerse con la expectativa de cambios externos en las condiciones de vida para hacer posible el rol tradicional: establecer noviazgos pero aplazar la convivencia o cualquier tipo de vínculo, mantenerse con los padres hasta una edad avanzada, asumir la mínima responsabilidad económica con los hijos o no asumirla, etc.

Para los hombres, ha sido difícil comenzar a cuestionarnos nuestra masculinidad y reconocernos como sujetos de género, pero, ¿por qué? La respuesta radica en el mismo machismo. En primer lugar, porque esa problemática aparece identificada con los movimientos feministas, por lo tanto, genera una reacción negativa, al considerar desde una perspectiva de evidente machismo, que el preguntarse por el género nos feminiza y, en segundo lugar, nos pone a los hombres en una supuesta duda sobre nuestra propia orientación sexual.

—¿Temas de género?—
—¿Acaso se volvió gay?—

Estos, al igual que muchos otros, pueden ser comentarios que surjan de estas reflexiones.

Solo hasta las últimas décadas venimos a darnos cuenta de que sí hay una problemática en mantener nuestra identidad sobre la base del estereotipo masculino tradicional y la simple razón es que ese modelo de hombre ya no es viable por las mismas condiciones prácticas, económicas, sociales y culturales que determina el entorno.

Si un hombre quisiera obstinadamente mantenerse como el único proveedor de su familia, seguramente se encontraría (con limitadas excepciones), que la remuneración por su trabajo, la fluctuación e inestabilidad laboral y otros factores, no le permitirían serlo por mucho tiempo, a menos que se cargue de responsabilidades y se someta a perder calidad de vida, tiempo libre y hasta su salud.

De igual manera, si quisiera mantenerse dentro del estereotipo del macho conquistador, no tardaría en encontrarse con mujeres que están buscando realizaciones personales y tienen independencia económica. Su propuesta no tendría eco por estar fundamentada en la dependencia emocional o sexual, a largo plazo, o en la espera de que ella sea también su criada.

A menos que el hombre en cuestión se convierta en un «consumidor» de servicios sexuales y esté dispuesto a pagar por compañía, relaciones, etc., en detrimento de sus finanzas personales y ni qué decir de su salud física y mental.

Acabar con el machismo también pasa por transformar la forma de trabajo. Mientras se mantenga un sistema laboral bajo el cual se sacrifica la vida personal, no tendremos los hombres una posibilidad real de cambio para la masculinidad.

Por otra parte, si ese hombre solo considerara, como forma de realización, el éxito económico, seguramente encontraría que cada vez más las mismas problemáticas creadas por el consumo humano y la depredación hecha de los recursos durante los últimos dos siglos, demandan formas más colaborativas y solidarias de producir, de vivir y disfrutar.

Así que la pregunta personal que ha generado un malestar no reconocido por los mismos hombres es: «¿Cómo puedo seguir siendo hombre de la forma tradicional en este tiempo?».

Esa pregunta nos lleva necesariamente a redefinir nuestra forma de asumir la masculinidad, sin que tenga que ver la identidad de género o la orientación sexual hacia otros roles y otras maneras de ser hombres, de ejercer la paternidad, de relacionarnos o simplemente de ocupar un lugar en la vida.

Tenemos dos alternativas: cambiamos o, simplemente, dejamos de ser útiles, con el costo de perdernos a nosotros mismos y de privarnos de ser un sujeto activo en la construcción y transformación de la realidad.

EL EXTRAÑO DE PELO LARGO

La idea de diferenciar al varón a simple vista puede considerarse generalizada en la cultura occidental, salvo en los territorios de ascendencia indígena. Usar el pelo largo, en las comunidades indígenas, tiene un sentido cultural como parte de su cosmovisión del mundo, porque, entre otras, se le atribuyen propiedades como la fortaleza espiritual.

En las ciudades, en cambio, es mucho más frecuente ver a los padres o familiares, especialmente hombres, llevando al niño varón a la peluquería con gran orgullo, como si, con ese acto, ratificara algún valor masculino, remarcara su «hombría».

Si tiene el pelo corto, quiere decir que es un varón y no existe la menor posibilidad de que sea confundido con una niña, el gran temor subyacente al uso del pelo largo. Como resultado del corte de pelo, los rasgos de la cara se reafirman, resaltan las facciones y la expresión también tendrá una indudable apariencia de masculinidad.

Es tanta la importancia que se da al pelo corto, que se llega a exigir como condición de presentación física y apariencia en colegios, trabajos y especialmente en el servicio público y las fuerzas militares. Resultaría extraño, y sobre todo sospechoso en ciertos espacios sociales, que un hombre lleve el pelo largo como señal de identidad.

En muchos colegios tradicionales, no está bien visto que los niños lleven el pelo largo e incluso el tema ha sido materia de legislación sobre el libre desarrollo de la personalidad, argumento esgrimido para confrontar la uniformidad y el modelamiento de la apariencia personal en el sistema educativo.

Sin embargo, si algún varón logra burlar esos límites o se mantiene en abierta confrontación con ellos, la institución no dejará de buscar la forma de retornarlo a la aceptación de la convención del pelo corto. Por su parte, él recibirá burlas o incluso matoneo, sostenido en su apariencia como prueba de poca o frágil masculinidad.

Resulta común, especialmente en la adolescencia, que, si un varón decide llevar el pelo largo tenga también que asumir una actitud ruda. Para evitar las burlas, debe hacer parte de alguna tribu urbana o grupo en el que sea aceptado o respaldado y mantenerse firme, a pesar de la oposición de los padres o del sistema educativo, principalmente, para defender su derecho a elegir esa apariencia y no otra.

Sobre el pelo largo en los varones también recae el estigma de la vagancia, falta de aseo personal, sospecha de malos hábitos o vicios y la rebeldía contra la autoridad o el orden social. La sanción frente a cualquier falta a las normas, por lo general, está condicionada a que, como un llamado al orden, el personaje en cuestión se realice un corte de pelo como primer paso para volver al uso establecido por la sociedad —es decir, a las «buenas costumbres»—, donde un hombre debe ser visto y reconocido como tal, sin lugar a duda y a primera vista.

Las fuerzas militares y los estamentos públicos de poder, al igual que muchas entidades privadas, tienen prácticas de vigilancia estricta del pelo corto, revisiones periódicas y exigencias específicas, no solo sobre el largo del pelo, sino también sobre la afeitada (En algunas instituciones, cuando se consiguen posiciones de poder, se puede llevar bigote o usar la barba como signo de distinción o de privilegio).

Por ejemplo, el primer corte de pelo a los reclutas generalmente se hace en estricto estilo militar, es decir, dejando un mechón de pelo en la parte superior de la cabeza y cortando el resto a ras.

Con este corte se le da la «bienvenida» y se espera del varón que deje de ser civil y comience un camino en la mayor muestra de virilidad creada por la sociedad tradicional: la vida militar.

Lejos de posturas machistas, en las últimas décadas el pelo de los varones ha comenzado a aceptarse largo, en cortes y en colores que en otro tiempo resultarían chocantes, sin que sea necesariamente un indicio de su orientación sexual. ¿Será entonces un signo de rebeldía contra la autoridad y ciertas normas establecidas?

Incluso, se ha desarrollado toda una estética masculina a partir del pelo largo en el que se expresan también ideas y formas de pensar distintas a las asociadas con el corte de pelo tradicional.

LA CUEVA DEL HOMBRE

Por lo general, los hombres somos apasionados por algo. Es un rasgo propio de la masculinidad tener una afición o una obsesión que está más allá de toda lógica y sensatez. Los hombres le podemos dar más importancia a esa actividad que a cualquier otra, aunque no sea nuestro oficio o profesión.

Esta pasión, que puede comenzar en la infancia, muchas veces se convierte en un «para qué» (si fuera racional sería un «por qué», pero nunca parece demasiado claro qué nos impulsa a seguirlo haciendo). Es un motor de motivación en el que puede ponerse energía y tiempo, incluso más allá de las posibilidades inmediatas.

Tocar un instrumento, practicar un deporte, coleccionar un objeto, realizar una labor social o simplemente tener un pasatiempo puede convertirse en algo tan vital que incluso llega a molestar a las personas más cercanas porque muchas veces no se entiende para qué invertirle tiempo y dinero a algo que parece tan inútil.

Liberados de la presión que sí tienen las mujeres de hacer lo correcto para otros, en el momento justo, según las etapas de la vida y en forma simultánea a sus diferentes roles, los hombres hemos logrado mantener ese espacio privado.

En otras latitudes, por ejemplo, existe una manifestación cultural de identidad masculina con sus aficiones, conocida como *Man Cave* o «La cueva del hombre». Es un espacio en el hogar en el que los hombres han logrado construir un refugio personal, un espacio en el que se encuentran con esa energía masculina de la acción, del hacer en una actividad o disciplina que les apasiona.

El machismo nos hizo creer que el sexo era la única actividad en la que los hombres poníamos toda nuestra pasión. Eso nos convirtió en los mayores consumidores de una industria millonaria en la que se explota comercialmente nuestro deseo.

Sin embargo, los hombres seguimos teniendo la posibilidad de preservar nuestra autonomía y continuamos cultivando lo que nos apasiona, a veces de manera discreta y otras compartiéndolo con un entusiasmo casi infantil que nos lleva a querer contagiar la felicidad que nos produce estar en la cueva haciendo lo que más nos gusta.

DEL «MACHO ALFA» AL «HOMBRE ALFALFA»

La falta de información sobre el cuerpo de los hombres es una problemática para nosotros mismos. Mayoritariamente, no aprendemos a conocerlo de manera orientada, pues tenemos muchas creencias y hábitos adquiridos más por imitación o por la informalidad, que por conocimiento real sobre nuestra fisiología y su funcionamiento.

Por ignorancia, muchos hombres recurren a prácticas o hábitos de vida perjudiciales. También podemos tardar más en identificar enfermedades, buscar la orientación médica o pedir ayuda frente a problemas de salud mental. Quizás el sentirnos invulnerables conduce a que seamos más dados a los excesos en comida y bebida y que ocultemos los problemas o disfunciones sexuales, producto de malas prácticas o enfermedades.

Algún especialista comentaba cómo había encontrado hombres que se sentían orgullosos de tener los testículos grandes e incluso decían que era un signo de virilidad, cuando en realidad se trataba de un cáncer testicular.

En afecciones como el cáncer de mama o de tiroides, la reacción de sorpresa es mayor por descubrir que también se tienen órganos que se creían exclusivos de las mujeres y algo similar pasa con problemas hormonales y de fertilidad en los que se creía no había ninguna intervención de los hombres.

Hasta hace poco tiempo, asuntos como la fertilidad, la fecundación o el proceso de gestación eran exclusivamente de las mujeres. Por fortuna, ahora existe información que desmitifica esas creencias y llevan a un mayor conocimiento de los hombres en los procesos reproductivos.

La ciencia ha reconocido que los hombres tenemos un mayor protagonismo en los procesos de concepción y gestación de los hijos. Saber que el sexo del feto es determinado por la información genética del padre, que la fecundación exige también una vitalidad —no solo sexual sino hormonal y genética—, que el estímulo sensorial y la presencia paterna es percibida y puede incidir también en el desarrollo y formación del feto, son algunos de sus recientes descubrimientos.

De igual manera, aspectos como el autocuidado, motivados inicialmente por una mayor exigencia femenina —hay que reconocer su aporte— en términos de estética exterior, apariencia y arreglo personal, han llevado a una mayor preocupación por el buen estado físico, el ejercicio como práctica cotidiana, la alimentación sana y balanceada, y el equilibrio cuerpo-mente-espíritu como búsqueda masculina.

Incluso, temas como la creciente preocupación por el cuidado del medio ambiente, la búsqueda de relaciones mucho más equilibradas con el entorno natural y el interés que despierta un estilo de vida saludable, siguiendo modelos diferentes a los que propone la publicidad y el consumo, han permitido el surgimiento de una masculinidad distinta en relación con el cuerpo, la salud y el entorno.

Esto motiva al cambio de hábitos y la transformación de la manera de quererse, cuidarse, trabajarse y conocerse tanto externa como internamente: vegetarianismo, yoga, taichí, meditación, sexualidad consciente, tantra, medicinas alternativas y sabiduría ancestral son algunas de las herramientas que han permitido avances muy grandes en ese tema de autoconocimiento, especialmente en lo que va de este siglo.

EL HOMBRE CUIDADOR

Proteger y acompañar a otros hace parte de las labores que históricamente hemos tenido los hombres. No es una capacidad que resulte extraña a la naturaleza masculina. Podríamos incluso afirmar que, así como caracterizamos a las mujeres como dadoras de vida, los hombres bien podríamos ser considerados guardianes de ella.

¿En qué momento nos desconectamos de esa función primordial para asumir un camino de violencia contra el otro, como si siempre estuviéramos en riesgo de ser atacados o corriera peligro nuestra propia existencia?

Parece que haber tenido la necesidad de luchar por el territorio y mantener alejados a los enemigos durante generaciones hubiera alentado nuestro instinto de lucha frente a la amenaza de la muerte y el hambre —instinto necesario en circunstancias específicas—. Pareciera que también nos hubiera desconectado de esa capacidad para asistir a otros, generar empatía y asumir responsabilidades de cuidado.

Acostumbrados a la lucha del afuera, muchos hombres tuvieron que asumir en algún momento lo que se consideraban actividades de mujeres en la cultura machista tradicional, sin estar preparados, pero siguiendo esa intuición que también tenemos como herramienta para afrontar situaciones de la vida. Algunos incluso debieron encargarse de las labores domésticas de la casa, bien sea por motivos prácticos, por desempleo o por simple elección, y luego también de la crianza y cuidado de los hijos, la asistencia a personas enfermas, etc.

Quienes comenzaron a elegir labores consideradas con frecuencia de «cuidado o servicio», tuvieron que afrontar la crítica de una parte machista de la sociedad que los miraba con poco respeto por no ser hombres que estaban tras el éxito económico o las posiciones de poder, sino que se sentían cómodos ayudando a otros en la enfermería, como docentes, en el trabajo de consejeros espirituales o en labores asistenciales con personas o comunidades.

De alguna manera, esos hombres fueron pioneros en romper los estereotipos de género y promover roles diferentes a los que veníamos desempeñando los varones en el ámbito laboral y productivo.

Luego, con la creciente participación de las mujeres en el mercado laboral, muchas más ocupaciones consideradas como propias de ellas comenzaron también a ser mixtas o realizadas por hombres con una orientación sexual diferente o con habilidades y capacidades más cercanas a otras formas de masculinidad (no violenta): sastres, meseros, peluqueros, cocineros, para citar algunos ejemplos.

Tal vez por esa misma transformación de roles tradicionales, en algún momento los hombres nos vimos abocados a confrontar estereotipos y patrones de conducta aprendida para asumir labores domésticas de cuidado y asistencia con otros, sin que eso resultara contrario a la masculinidad.

Más bien, a través de esas prácticas nos reconciliamos con aspectos olvidados o perdidos, pero que también hacen parte de las funciones que como adultos, padres, hijos responsables o conscientes —pero sobre todo no machistas— estamos en capacidad de desempeñar.

El padre de familia que cuida a sus hijos pequeños, que les cocina y los alimenta, que los atiende cuando están enfermos, que les expresa el afecto y les reafirma la autoestima, que sabe acompañarlos en sus procesos de vida tendrá una influencia mucho más positiva como modelo de masculinidad amorosa, no violenta y responsable, con lo que hace un aporte significativo en la transformación de las nuevas generaciones de hombres y en la equidad de género.

De igual manera, los hombres que asumen el cuidado de su esposa o de sus padres cuando pasan por situaciones de enfermedad o llegaron a la vejez y necesitan asistencia son un ejemplo de que los hombres también podemos asumir actitudes solidarias, comprensivas y empáticas, mucho más favorables a la apertura emocional y con disposición a aportar desde su propio sentir al bienestar de los suyos. En ese sentido, también hacen visible una función de la masculinidad contraria a la que venía siendo norma en nuestra sociedad.

Por lo general, en nuestra sociedad quienes cuidan son las mujeres y quienes requieren cuidado son los hombres, pero esta época nos ha enseñado a todos a cuidarnos y cuidar de otros. Generar espacios de cuidado en el que cualquiera de los géneros pueda desarrollar labores de cuidado o atención al otro, es un avance hacia la equidad de género.

¿Qué tal cuidar a través de la música, del deporte, de los juegos, de las tareas escolares, del trabajo o de cualquier actividad en pareja o en grupo?

Equilibrar el dar y el recibir nos permite dimensionar de una manera diferente los roles, aceptando que estamos en capacidad de realizar cualquiera de ellos.

EL HOMBRE QUE SE RÍE DE SÍ MISMO

A los hombres nos hace falta tomarnos con humor nuestro género.

Nos veníamos riendo de las ironías de este tiempo en el que cada nuevo acontecimiento parecía sobrepasar al anterior con exageración y desmesura, casi hasta convertirse en un mal chiste. Sin embargo, todavía nos negamos el derecho a reírnos de esa foto inexpresiva en la que se ha convertido el género masculino.

Acostumbrados a no decir, siempre pareciendo carentes de emociones, los hombres nos hemos quedado impávidos ante el hecho de que el mundo está cambiando, que ya no basta con decir «que se es hombre» para tener los derechos y privilegios que nos garantizaba —para toda una vida— el haber nacido de sexo masculino.

Debemos reírnos a carcajadas de nosotros mismos, si todavía pensamos que bastan cuatro o cinco características externas para poder decir que somos ejemplares del género masculino.

En otro tiempo fue suficiente con mostrarse rudo, inexpresivo, mujeriego, pendenciero y fanfarrón para creerse todo un varón, porque, no contentos con la condición natural de machos de la especie, también debíamos demostrar que éramos eso: varones en todo el sentido de la palabra. «Los más, más», por así decirlo.

Ahora nos produce risa. Pero hasta hace poco, la hombría podía manifestarse solo con llevar pantalones largos, afeitarse, usar corbata y hasta sentarse con las piernas más abiertas de lo necesario, para que no quedara ninguna duda del tamaño de los atributos de la masculinidad.

Los tiempos han cambiado. Por eso podemos relajarnos y reírnos de nuestros esfuerzos por parecer siempre más de lo que en realidad éramos, por exagerar capacidades y medidas físicas, sobre todo en el plano sexual, en el que la industria del porno se ha lucrado con nuestra fantasía de superdotados y nuestra ilusión de ser máquinas sexuales.

Debemos reírnos de vernos competir solos contra el mundo, tratando de lograr más que los demás, desconociendo que el mayor reto es vencer nuestros propios límites y condicionamientos mentales, los que nos llevan a no conformarnos con ser simplemente hombres, los que nos exigen ser muy machos.

Deberíamos empezar a reírnos de nosotros mismos, de nuestra reducida forma de ser hombres, si todavía esperamos la aprobación de los amigotes de la manada, los mismos que de niños o adolescentes nos exigían hacer las cosas «como todo un varón» y de paso nos enseñaban a ver con inferioridad lo femenino, a negarle sus derechos, a creernos obligados al piropo, a la mirada morbosa, al acoso como única forma de acercamiento.

Podemos reírnos de nuestra masculinidad, si todavía necesitamos llegar inflados de expectativas y promesas falsas para conquistar una pareja y luego salimos a correr ante el temor de mostrarnos vulnerables o ser manipulados, porque ni siquiera sabemos cómo seguir siendo hombres cuando entramos en el campo, supuestamente femenino, de las emociones y los sentimientos.

Podríamos reírnos, aunque no sea cosa de chiste —sí, ironía— de los millones de hombres que fueron incapaces de responder por sus hijos, porque eso solo pone en evidencia su ineptitud para asumir la labor fundamental y natural del masculino en cualquier especie: dar, proveer y proteger a su descendencia.

A los hombres solo nos queda reírnos si todavía estamos realizando un papel que ya no nos corresponde, que se convirtió en pura apariencia, que no podemos tomarnos en serio porque terminaríamos aislados en la incomunicación emocional, convertidos en enemigos de todos (incluido de nosotros mismos), cuando nos creemos el cuento de que los demás hombres son una amenaza, una competencia, un rival.

Necesitamos con urgencia reírnos de esa caricatura que ha terminado siendo la masculinidad tradicional, porque nos convirtió en un estereotipo de hombre agresivo, indolente, egoísta, un presumido que oculta su debilidad y no respeta ni siquiera su propio ser. Ese tipo de hombre machista con el que cada vez menos los hombres nos sentimos identificados.

En casos extremos, hemos llegado incluso a convertirnos en un género de depredadores sexuales, acosadores, maltratadores y generadores de violencia, especialmente contra las mujeres y personas diversas, incapaces de adaptarnos a la vida familiar y, sobre todo, una permanente amenaza a la convivencia pacífica y al equilibrio de la sociedad.

No somos todos de esa forma, pero sí debemos reconocer que nuestro silencio nos hace cómplices.

Hombres: ya podemos quitarnos la máscara y sonreír, educar amorosamente a nuestros hijos, respetando nuestro cuerpo y el cuerpo de las mujeres. Eso no nos hace menos masculinos. Nos hace simplemente mejores personas; nuevamente, humanos.

Dejemos ya de querer parecernos a ese estereotipo del pasado. Seamos menos machos y más HOMBRES.

En todo el sentido de la palabra.

ary
BIBLIOGRAFÍA

Abad Faciolince, Héctor. Lo que fue presente: diarios (1985-2006). Alfaguara, 2006.

Deida, David. El camino del hombre superior: los desafíos del amor y del deseo sexual en el hombre. Madrid, Ediciones Gaia, 2005.

González Pagés, Julio Cesar. Macho, varón, masculino. Estudios de la masculinidad en Cuba. La Habana, Editorial de la Mujer, 2010.

Lutereau, Luciano. El fin de la masculinidad. ¿Cómo amar en el siglo XXI? Buenos Aires, Paidós, 2020.

Muñoz Sánchez, Hernando. Hacerse hombres. La construcción de masculinidades desde las subjetividades. Medellín: Universidad de Antioquia. Facultad de Ciencias Humanas. Fondo Editorial FCSH, 2017.

Ruíz Arroyave, Javier Omar. Masculinidades posibles: otras formas de ser hombre. Bogotá, Ediciones Desde Abajo, 2013.

Velez Franco, Martín. La sombra de mi padre. Bogotá, Editorial Planeta, 2020.

Referencias web:

Campaña del Lazo Blanco (Argentina- Uruguay)
https://www.lazoblanco.org/material-teorico-sobre masculinidades/

¿Muy machito? Caja de herramientas para hombres que quieran entender, promover y disfrutar la equidad de Género.
https://www.youtube.com/c/ClaudiaPalaciosOficial/videos

www.ingramcontent.com/pod-product-compliance
Lightning Source LLC
Chambersburg PA
CBHW031338160726
47993CB00002B/727